관점으로 설교하라

관점으로 설교하라 (개정판)

지은이   최   식
발행인   최   식
발행처   도서출판 CPS
1쇄출판   2013. 8. 21
2쇄출판   2016. 10. 27
3쇄출판   2017. 7. 20
등   록   No. 112-90-27429
주   소   경기도 의왕시 포일세거리로 7. 3층
전   화   031)421-1025
팩   스   031)421-1027
홈페이지 www.cpsbook.co.kr

ISBN 979-11-955986-7-0

값 17,000원

ⓒ 판권 저자 소유
이 책의 일부분이라도 저자의 허락 없이는 무단 복제할 수 없습니다.

CPS설교학교 관점설교 시리즈 2 _말라기 편

관점으로 설교하라

최 식 지음

CPS

 프롤로그

설교자는 설교 전문가입니다

설교자는 설교에 관한 전문가입니다. 하지만 설교에 대한 부담과 고민은 설교를 처음 시작하는 분들이나 수십 년 설교사역에 전념해온 분들이나 똑같은 것 같습니다. 대부분의 설교자들은 "무엇을 전할 것인가"와 "어떻게 전할 것인가?"를 집중적으로 고민을 하고 있습니다.

왜 이러한 설교자들의 고민이 쉽게 해결되지 않는 것일까요?
필자는 30여 년을 설교사역에 전념했고, 10년 이상 설교자들을 위한 설교전문학교를 섬겨오면서 그들의 고민을 해결하기 위한 노력을 거듭해 왔습니다. 그리고 관점설교 방법론을 통하여 설교자들의 고민이 90% 가까이 해결되고 있음을 논문을 통하여 증명했습니다.

설교에 있어서 관점이란 무엇인가?
설교란 성경의 어떤 부분(본문)을 읽고 설교문을 작성하여 말로 전달하는 행위입니다. 그러므로 설교가 이루어지기 위해서 설교자가 가장 먼저 해야 할 일은 본문을 파악(읽는)하는 것입니다. 주어진 본문을 통하여 하나님께서 무엇을 말씀하고 있는가를 읽어내는 능력이 우선되어야 합니다.

본문 안에서 하나님께서 말씀하시려는 것, 즉 하나님의 목적을 찾아내는 것이 관점입니다. 설교자에 따라 관점이 다를 수 있습니다. 하지만 성경(하나님)이 말하려는 목적을 찾아서 이것을 설교의 관점으로 삼아야 합니다.

이것은 성경을 기록하여 주신 목적이기 때문입니다. 이 관점이 없으면 설교자는 늘 같은 고민을 반복적으로 할 수밖에 없습니다. 그래서 필자는 이 책에서 관점이 무엇인가를 집중적으로 다루었습니다.

관점이 없으면 설교의 어려움은 해결되지 않습니다.

설교자의 관점은 설교를 해야 할 이유이고, 목적입니다. 설교자가 관점을 가질 때 하나님의 목적대로 설교할 수 있고, 그 목적을 중심으로 청중들이 적용하고 결단에 이르게 할 수 있습니다. 또한 관점을 가지면 설교문을 작성하는 것도 쉽고, 설교를 진행하는 전달 능력도 향상됩니다.

말라기서는 하나님의 목적을 중심으로 기록되었습니다.

말라기 전체를 통하여 "하나님이 말씀하시려는 목적"이 각 장마다 나타나 있습니다. 설교자는 그 하나님의 목적을 찾고, 그 목적을 설교의 관점으로 삼아서 각 장마다 하나님이 목적하시는 메시지를 설교로 전달하여 청중들이 적용하고 결단하도록 해야 합니다.

 이 책을 통하여 말라기 전체를 어떻게 관점으로 설교할 것인지를 함께 나누려고 합니다. 작은 지면이지만 관점에 대한 설교자로서의 눈이 열리기를 소망합니다.

 모든 설교자들이 관점으로 설교하는 그날까지,
『CPS설교학교』와 함께 최선을 다해 설교자님들을 섬기겠습니다. 보잘것없는 종에게 베푸시는 말로 다할 수 없는 하나님의 은혜에 모든 영광을 돌립니다.

 두 번째 개정판을 위하여 아낌없이 수고해 주신 깨어있는 개혁의 외침, 들소리신문사와 양승록 편집장님 이하 모든 분들께 진심으로 감사드립니다. 언제나 한결같은 마음으로 지도해주시며 직접 추천의 글로 격려해 주신 아주사퍼시픽대학교(Azusa Pacific University) 구약학 교수이신 김수정 박사님께 특별한 고마움을 남깁니다.

2016년 10월 CPS설교학교에서 **최 식 목사**

추천의 글

관점 읽기로 새롭게 열리는 설교의 세계

'CPS(Choi's Preaching School) 보여주는 설교학교'를 통해 현장 목회자들을 돕고 있는 최식 목사님의 〈관점으로 설교하라 2: 말라기 편〉의 개정 출판을 축하드립니다.

저자인 최식 목사님은 오랫동안 성실하게 강단을 지키며 목양에 힘쓸 뿐 아니라, 동역자인 설교자들의 고민을 가장 가까운 현장에서 이해하고 풀어주고 도와주는 귀한 사역자입니다. 그가 이 책을 통해 풀고자 하는 것은 많은 설교자들이 고민해온 것입니다. 즉, '무엇을 전할 것인가'와 '어떻게 전할 것인가'의 두 질문입니다.

이 두 가지 질문 앞에서, 〈관점으로 설교하라 2: 말라기 편〉은 저자가 그의 풍부한 목회현장 경험뿐 아니라 'CPS 보여주는 설교학교'의 오랜 강의와 훈련, 연구와 검토를 통해 일구어낸 책이라는 점에서 한국 강단의 미래를 밝게 하는 데 일조하는 귀한 책이라고 생각합니다.

〈관점으로 설교하라〉라는 책의 제목답게, 이 책은 성경 본문에 때로는 명시적으로 때로는 암시적으로 숨어 있는 하나님의 관점, 즉 하나님께서 이 본문을 우리에게 주신 목적이 있음을 전제로 출발합니다.

　이 목적을 찾아 관점을 정립하여 설교할 때, 강단에서 선포되는 메시지가 설교자의 주관적 관점에 좌우되거나 공허한 메아리로 끝나지 않고 청중들의 마음을 움직이고 삶을 변화시킬 수 있다고 저자 최식 목사님은 확신하고 있습니다.

　그의 많은 저작 가운데 〈관점으로 설교하라 2 : 말라기 편〉 역시 그러한 신념 아래 집필되고 읽혔습니다. 그리고 이번에 다시 개정판의 기쁨을 보게 된 것입니다.

　크게 세 부분으로 구성된 이 책은 관점설교에 대한 사전지식 없는 독자들도 쉽게 그 핵심에 접근할 수 있게 합니다.

　그것은 이 책의 구성이 이론부터 실제까지 차근차근 모두 보여주고 있기 때문입니다. 첫 번째 부분에서 저자는 관점설교의 일반적인 개념과 프레임을 소개하고, 둘째 부분에서는 짤막한 설교들을 예로 보여주면서 관점을 잡은 설교들이 어떻게 그 프레임 안에서 녹아져 진행되는지를 보여줍니다.

　이렇게 일반적인 이론과 설교 프레임을 이해하게 된 독자들에게 이 책은 부제가 보여주는 것처럼 말라기서에 대한 집중 연구와 그에 따른 설교 작성, 그리고 설교 전문을 마지막 세 번째 부분에서 제공해 줍니다. 이러한 구성 덕분에 이 책은 이론서로, 실

용서로도 모두 유익하게 사용될 것입니다.

말라기서는 바벨론 포로에서 돌아온 백성들이 어떻게 다시 하나님의 백성으로서의 정체성을 회복하고, 어떻게 다시 예배의 근본으로 돌아가 그들의 하나님과 깊고 기쁜 관계 속으로 들어갈 수 있는지를 고민하는 책입니다.

이 책은 오늘날 하나님이 멀리 계시다고 느끼는 많은 성도들, 하나님이 더 이상 자신의 삶에 복을 내리지 않는다고 느껴 실족한 성도들, 그리고 그 성도들을 향해 하나님의 심정을 외치기 원하는 목회자들과도 결코 무관하지 않은 책입니다.
말라기서를 심층적으로 연구하되 쉽고 다가가기 쉬운 언어, 무엇보다 청중들이 그들의 삶 속에서 묻게 되는 질문들을 통해 접근할 수 있도록 했습니다.
그런 면에서 이 관점설교 입문서는 우리 기독교인들의 믿음생활을 다시 한번 진지하게 돌아보고 실천의 발걸음을 내딛게 하는 귀한 안내자 역할을 합니다.

특히, 설교문을 통해 보여주는, 끊임없이 파고들어 가는 저자의 질문들은 독자인 나의 질문을 대신 하고 있구나 하는 감탄을 자아내면서 읽는 독자의 마음을 시원하게 합니다. 이러한 일반적인 관점에서 나오는 적절한 질문들은 저자가 지적하듯이 아, 이것이 내 이야기구나… 하는 생각과 함께 독자들(청중들)을 한 짝 바싹 설교자 앞으로 나오게 만드는 동력이 됩니다.
또한 저자인 최식 목사님이 문제 해결을 목회적 관점에서 풀어내는 것은 오랜 기간 그가 목회현장에서 직접 양들과 부대끼며 양들과 울고 웃으며 교회를 이끌어 온 오랜 세월을 거친 수고의 산물임에 틀림없습니다.

  따라서, 이 책은 모든 설교자뿐 아니라 진지하게 설교를 통해 하나님의 음성을 듣고자 하는 일반 독자들에게도 유익하다고 생각합니다.

  하나님의 은혜 가운데 개정판으로 다시 독자들 앞에 선 이 책을 기쁜 마음으로 추천합니다.

아주사퍼시픽 대학교(Azusa Pacific University)
구약학 교수 **김수정** 박사

목 차

프롤로그
추천의 글

1장. 설교에 있어서 관점 / 17
1. 관점(觀點)이란 무엇인가? / 19
2. 설교에 있어서도 관점은 필수다 / 19
3. 관점이 없으면 설교를 할 수 없다 / 19
4. 하나님의 목적을 중심으로 기록된 성경 / 20
5. 관점은 한 개만 존재하는 것인가? / 21
6. 무엇이 설교를 위한 관점인가? / 21
7. 이제, 본문을 통하여 무엇이 하나님의 목적, 설교의 핵심관점인지
   찾아보자 / 22

2장. 하나님의 목적을 설교하라 / 37
1. 하나의 관점으로 설교를 진행하라 / 40
2. 핵심관점이 설교의 목적이다 / 40
3. 하나님의 목적을 중심으로 적용하고 결단시켜라 / 41

3장. 설교 진행을 위한 FRAME / 43
1. 설교를 이끌기 위한 도입 - 청중의 마음을 열어라 / 46
2. 설교를 이끄는 핵심관점 -
   일반적인(청중의) 관점으로 문제를 제시하라 / 46
3. 하나님의 목적을 중심으로 해결하라 / 47

4. 하나님의 목적을 중심으로 적용하라 / 48
5. 결단을 통하여 청중이 행동하게 하라 / 50

4장. 보여주는 설교 (핵심관점과 프레임을 중심으로) / 55

1. 마태복음 8:5-13 / 57
F1- 설교를 이끌기 위한 도입 / 57
F2- 설교를 이끄는 핵심관점 / 57
F3- 하나님의 목적을 중심으로 해결 / 62
F4- 관점으로 청중적용 / 66
F5- 관점으로 청중결단 / 69

2. 마가복음 6:45-52 / 72
F1- 설교를 이끌기 위한 도입 / 72
F2- 설교를 이끄는 핵심관점 / 73
F3- 하나님의 목적을 중심으로 해결 / 76
F4- 관점으로 청중적용 / 78
F5- 관점으로 청중결단 / 80

3. 누가복음 2:1-12 / 81
F2- 설교를 이끄는 핵심관점 / 82
F3- 하나님의 목적을 중심으로 해결 / 82
F4- 관점으로 청중적용 / 85
F5- 관점으로 청중결단 / 86

4. 민수기 6:22-27 / 87
F2- 설교를 이끄는 핵심관점 / 88
F3- 하나님의 목적을 중심으로 해결 / 90
F4- 관점으로 청중적용 / 91
F5- 관점으로 청중결단 / 92

5장. 말라기서 전체를 꿰뚫는 관점 중심 설교 / 95

1. 내 이름을 존중히 여기라! (말 1:6-2:9) / 98
    F2- 설교를 이끄는 핵심관점 / 99
    F3- 하나님의 목적을 중심으로 해결 / 102
    F4- 관점으로 청중적용 / 104
    F5- 관점으로 청중결단 / 105

2. 그분의 보살핌! (말 2:10-13) / 107
    F2- 설교를 이끄는 핵심관점 / 108
    F3- 하나님의 목적을 중심으로 해결 / 109
    F4- 관점으로 청중적용 / 110
    F5- 관점으로 청중결단 / 113

3. 짝 (말 2:13-16) / 114
    F2- 설교를 이끄는 핵심관점 / 115
    F3- 하나님의 목적을 중심으로 해결 / 117
    F4- 관점으로 청중적용 / 120
    F5- 관점으로 청중결단 / 122

4. 여호와를 괴롭게 하지 말라! (말 2:17) / 122
    F2- 설교를 이끄는 핵심관점 / 123
    F3- 하나님의 목적을 중심으로 해결 / 125
    F4- 관점으로 청중적용 / 126
    F5- 관점으로 청중결단 / 129

5. 내가 너희에게 임할 것이라! (말 3:1-6) / 130
    F2- 설교를 이끄는 핵심관점 / 131
    F3- 하나님의 목적을 중심으로 해결 / 133
    F4- 관점으로 청중적용 / 134
    F5- 관점으로 청중결단 / 136

6. 내게로 돌아오라! (말 3:7-12) / 137
　　F2- 설교를 이끄는 핵심관점 / 137
　　F3- 하나님의 목적을 중심으로 해결 / 139
　　F4- 관점으로 청중적용 / 142
　　F5- 관점으로 청중결단 / 145

7. 내가 그들을 아끼리라 (말 3:16-18) / 146
　　F2- 설교를 이끄는 핵심관점 / 147
　　F3- 하나님의 목적을 중심으로 해결 / 148
　　F4- 관점으로 청중적용 / 150
　　F5- 관점으로 청중결단 / 151

8. 치료하는 광선을 비추리니 (말 4:1-3) / 153
　　F2- 설교를 이끄는 핵심관점 / 153
　　F3- 하나님의 목적을 중심으로 해결 / 156
　　F4- 관점으로 청중적용 / 157
　　F5- 관점으로 청중결단 / 159

9. 내가 엘리야를 보내리라! (말 4:4-6) / 160
　　F2- 설교를 이끄는 핵심관점 / 160
　　F3- 하나님의 목적을 중심으로 해결 / 162
　　F4- 관점으로 청중적용 / 164
　　F5- 관점으로 청중결단 / 166

6장. 설교 전문 / 171
　1. 짝! (말 2:13-16) / 173
　2. 내가 너희에게 임할 것이라! (말 3:1-6) / 189

분명한 관점 없이 설교하는 것은 설교자와 청중 모두에게 집중력을 잃게 만든다. 중요한 것은 핵심적인 관점을 붙잡아야 한다는 것이다. 어떤 본문이든 반드시 핵심적인 관점이 있게 마련이다.

1장

설교에 있어서 관점

 목적(관점)이 없는 본문은 존재하지 않는다. 설교가 부담스러운 것은 본문을 통하여 하나님의 목적(관점)을 찾지 못하기 때문이다.

1. 관점(觀點)이란 무엇인가?

사전적인 정의는 사물을 관찰하거나 고찰할 때 그것을 바라보는 방향이나 생각하는 입장, 사물을 보는 눈(a point of view)이다.

우리들은 관점을 가질 때 비로소 사물에 관하여 말할 수 있다. 관점이 없으면 사물에 대한 자기주도적인 견해를 가질 수 없기 때문이다.

2. 설교에 있어서도 관점은 필수다

설교란, 설교자가 성경의 어떤 본문을 읽고 그 본문을 통하여 전달하시려는 하나님의 목적을 찾아서 그 목적을 중심으로 설교문을 작성하고 그것을 말로 전달하는 행위이다.

그러므로 설교자는 본문에서 하나님의 목적을 찾는 것이 우선이다. 설교자가 이 하나님의 목적을 찾아내는 것, 그것이 관점이다.

3. 관점이 없으면 설교를 할 수 없다

관점은 설교해야 할 이유이고 목적이다. 목적이 없거나, 목적이 분명하지 않은 설교는 허공에 머물다 사라지는 메아리와 같다. 하지만 많은 설교자들은 본문의 관점을 찾아내는 것보다 우선 설교자가 하고 싶은 말을 하려는 경우가 많다. 이 과정이 지속되다 보면 하나님의 목적과 관계없는 설교자의 욕구가 앞서 나와 청중을 피곤하게 할 수 있다.

4. 하나님의 목적을 중심으로 기록된 성경

성경은 어떤 사건을 육하원칙에 근거하여 사건의 전말을 모두 차근차근 말하고 있지 않을 때가 많다. 많은 부분이 생략되어 있다는 말이다. 어떤 사건은 아주 미미한 부분만을 기록하기도 하고 어떤 부분은 아주 세밀하게 묘사하기도 한다. 그래서 설교자가 본문을 연구하는 데 많은 제약을 경험하며 답답함을 느끼는 것이다.

그렇다면, 성경이 사건 전체를 말하지 않고 어떤 부분만을 기록한 이유는 무엇일까?

그것은 성경이 목적 중심으로 기록되었기 때문이다. 하나님께서 말씀하시려는 목적을 중심으로 본문을 구성하도록 하셨기 때문이다.

그러므로 설교자는 본문 안에 담긴 이 목적을 찾고, 이 목적을 중심으로 본문을 읽어야 무엇을 설교할 것인가를 터득하게 된다. 이것이 설교를 위한 관점이다.

모든 성경(본문) 안에는 하나님의 목적(관점)이 있다.

목적(관점)이 없는 본문은 존재하지 않는다. 설교가 부담스러운 것은 본문을 통하여 하나님의 목적(관점)을 찾지 못하기 때문이다. 이 관점(목적)만 있으면 성경 한 권만으로도 설교할 수 있게 된다.

5. 관점은 한 개만 존재하는 것인가?

한 본문 안에는 다양한 관점이 존재 할 수 있다. 설교자마다 자기 나름대로(관점) 본문을 보는 시각이 있기 때문이다. 어떤 설교자는 구속사의 관점, 어떤 설교자는 하나님 나라의 관점, 어떤 설교자는 기도의 관점 등 설교자마다 관점을 가지고 있다.

문제는 성경 본문이 말하고자 하는 관점과 설교자의 이런 다양한 관점이 일치하느냐이다. 하나님께서 본문을 통하여 우리에게 주시려는 목적이 설교자가 가진 관점과 어긋날 수 있음을 염두에 두어야 한다. 그래서 설교자의 관점을 앞세우기 보다는 하나님의 목적(관점)을 찾아내도록 노력해야 한다.

한 본문에는 하나님의 목적, 즉 핵심적인 관점이 한 개 있고, 이 핵심적인 관점으로 인하여 발생되는 여러 관점들도 있다. 엄밀히 말하자면, 한 개의 본문 안에는 하나님이 주시려는 목적(관점), 즉 핵심적인 관점은 한 개이다.

6. 무엇이 설교를 위한 관점인가?

1) 본문을 통하여 하나님이 주시려는 목적이다.

모든 본문 안에는 하나님의 목적이 담겨 있다. 이 하나님의 목적을 설교자가 찾아서 설교를 이끄는 핵심으로 가지면 그것이 관점을 포착하는 일이 된다. 관점이 하나님의 목적이고, 설교의 목적이다.

2) 현 청중의 문제와 해결방향을 갖게 하는 것이다.

설교자가 하나님의 목적을 중심으로 설교를 전개하면 청중은 이 하나님의 목적대로 살지 못한 자신의 문제를 발견하고 문제의식을 갖게 된다. 하나님의 목적이 설교를 듣는 청중에게 문제의식을 갖도록 관점을 준 것이다.

자신의 문제가 무엇인지를 발견한 청중이 어떻게 살아야 할 것인가를 고민할 때 하나님의 목적대로 살도록 새로운 삶의 방향을 제시하는 것이다.

3) 목회의 방향을 제시하는 것이다.

설교와 목회는 분리해서 생각할 수 없다. 설교자는 설교를 통하여 목회의 의도와 방향을 보여주어야 한다. 설교자는 청중이 목회와 연결된 결단에 이르도록 해야 한다.

이 세 가지가 하나의 관점으로 설교를 통하여 이루어져야 한다. 하나님의 목적과 청중의 문제 그리고 목회방향이 설교를 통하여 하나의 관점으로 제시되어야 하는 것이다.

그러기 위해서는 하나님의 목적, 즉 핵심적인 관점을 찾아내는 것이 가장 우선 되어야 한다. 이 핵심적인 관점이 위에서 말한 세 가지를 하나로 설교할 수 있도록 묶어주는 역할을 하기 때문이다.

7. 이제, 본문을 통하여 무엇이 하나님의 목적, 설교의 핵심관점인지 찾아보자

마태복음 8:1-4을 보자.

"예수께서 산에서 내려오시니 수많은 무리가 따르니라 한 나병환자가 나아와 절하며 이르되 주여 원하시면 저를 깨끗하게 하실 수 있나이다 하거늘 예수께서 손을 내밀어 그에게 대시며 이르시되 내가 원하노니 깨끗함을 받으라 하시니 즉시 그의 나병이 깨끗하여 진지라 예수께서 이르시되 삼가 아무에게도 이르지 말고 다만 가서 제사장에게 네 몸을 보이고 모세가 명한 예물을 드려 그들에게 입증하라 하시니라"

예수님께서 산에서 내려오시니 수많은 무리가 예수님을 따랐다. 그 중에 한 나병환자가 치유를 애원하며 예수님께 엎드렸고, 예수님께서 손을 내밀어 그에게 대시며 나병환자를 치유하시는 장면이 나온다.

이 본문을 통하여 예수님께서 전하시려는 목적을 찾아서 설교의 핵심관점으로 가져야 한다. 하나님께서 말씀하시려는 목적과 청중의 문제, 목회 의도를 하나로 드러낼 수 있는 핵심적인 관점을 찾아보자.

* 핵심관점을 찾기 위해서 꼭 명심해야 할 것이 있다.

성경은 독자들이 성경을 읽을 때 신앙 확신을 요구하고 있다. 예를 들자면 "예수님께서 물 위를 걸으셨다"는 기사를 당연한 것처럼 말하고 있다. 어떻게 사람이 물 위를 걸을 수 있다는 것일까? 절대로 불가능한 일이다.

하지만 예수님이 물 위를 걸으셨다는 것을 아무런 문제의식 없이 말하는 것은 성경을 읽는 독자들이 예수님에 대한 신앙을 가지고 있다는 것을 전제하고 있기 때문이다.

만일 예수님에 대한 신앙이 없는 자들이 이 기사를 읽는다면 절대로 이 사실을 받아들이지 않을 것이다. 반드시 이 부분을 문제 삼을 것이다.

그러므로 신앙적인 관점으로 본문을 읽는다면 핵심적인 관점이 잘 보이지 않는다. 일반적인 관점, 청중적인 관점을 가져야 본문의 관점이 쉽게 보인다. 일반적인 관점, 청중적인 관점으로 볼 때 그 관점이 문제의식(problem)을 갖게 만든다.

이제 일반적인 관점으로 마태복음 8:1-4을 다시 한 번 읽어보자.

일반적인 관점(청중의 관점)으로 볼 때 문제의식을 갖게 하는 것이 몇 개 있다. 예를 들자면, 나병에 걸렸다는 것이 문제가 될 수도 있고, 나병환자가 어떻게 이 많은 사람들이 모인 곳까지 올 수 있었는지도 문제가 될 수 있다.

예수님을 향한 나병환자의 고백이 미심쩍기도 하고, 나병환자를 고치시는 예수님의 방법도 좀 이상하다. 믿을 수 없는 것은 나병이 그 자리에서 즉시 나왔다는 것이고, 예수님께서 나병환자에게 아무에게도 말하지 말라고 숨기시는 것도 쉽게 납득 가는 상황이 아니다.

이렇게 문제로 보이는 것들이 모두 관점이다. 재미있는 것은 이 중에 예수님께서 말씀하시려는 목적이 있다는 사실이다. 이 목적이 핵심적인 관점이다.

* 무엇이 핵심관점일까?

나병환자를 고치시는 예수님의 방법을 주의 깊게 보자.

예수님은 나병 환자에게 "손을 대시며" 고치셨다. 이는 일반적인 관점에서 보면 대단히 큰 문제가 된다. 일반인들은 나병환자에게 손을 대면 안 된다.

당시 나병환자는 격리된 채 살아야 했다. 일반사람들과의 접촉을 피하기 위해서다. 손을 대면 부정한 자로 취급 받아 진 밖으로 쫓겨나 일정기간 동안 격리되어야 했다.

그러므로 예수님이 나병환자에게 손을 대시는 것은 주변의 모든 사람들을 당황하게 하는 일이며 예수님에게도 커다란 위기가 되는 일이다.

그런데 왜 손을 대신 것일까? 말씀만 하셔도 되는데 일부러 손을 대시며 이런 문제를 만드시는 이유가 무엇일까? 예수님은 이 사건을 통하여 예수님께서 손을 대시면 그 어떤 불가능의 문제도 즉시 해결된다는 것을 알리심으로 예수님을 믿게 하시려는 것이다.

일반적인 관점으로 보면 나병환자에게 손을 대시는 것은 문제이다. 하지만 예수님은 목적을 가지시고 손을 대셨다. 하나님의 목적(관점)으로 보면 손을 대시는 것이 해결이다. 그 손이 예수님의 손이기 때문이다.

문제가 될 수 있음을 아시고도 손을 대신 것은 예수님이 손을 대시는 순간 더 이상 그가 나병환자가 아니기 때문이다. 그러므로 손을 대시는 것이 문제인 동시에 손을 대시는 것이 해결이다. "손을 대시며"가 핵심적인 관점이 되는 것이다.

* 관점에 익숙하지 않은 설교자의 설교는 청중에게 쉽게 받아들여지지 않을 수 있다.

설교자가 관점을 가져야 하나님의 목적 중심으로 들려지는 설교를 할 수 있다. 관점이 없는 설교자는 본문을 읽고 본문과 비슷한 내용을 말하거나 전혀 다른 본문을 인용하여 설교할 수밖에 없다.

마태복음 8:5-13을 보자.

"예수께서 가버나움에 들어가시니 한 백부장이 나아와 간구하여 이르되 주여 내 하인이 중풍병으로 집에 누워 몹시 괴로워 하나이다 이르시되 내가 가서 고쳐 주리라 백부장이 대답하여 이르되 주여 내 집에 들어오심을 나는 감당하지 못하겠사오니 다만 말씀으로만 하옵소서 그러면 내 하인이 낫겠사옵나이다 나도 남의 수하에 있는 사람이요 내 아래에도 군사가 있으니 이더러 가라 하면 가고 저더러 오라 하면 오고 내 종더러 이것을 하라 하면 하나이다 예수께서 들으시고 놀랍게 여겨 따르는 자들에게 이르시되 내가 진실로 너희에게 이르노니 이스라엘 중 아무에게서도 이만한 믿음을 보지 못하였노라 또 너희에게 이르노니 동·서로부

> 터 많은 사람이 이르러 아브라함과 이삭과 야곱과 함께 천국에 앉으려니와 그 나라의 본 자손들은 바깥 어두운 데 쫓겨나 거기서 울며 이를 갈게 되리라 예수께서 백부장에게 이르시되 가라 네 믿은 대로 될지어다 하시니 그 즉시 하인이 나으니라"

이 본문은 우리들이 익히 잘 알고 있는 내용이기에 오히려 관점을 놓치기 쉽다. 백부장이 하인의 질병을 치유하기 위해서 예수님께 나아와 간구하는 장면이다.

대부분의 설교자들은 이 백부장의 믿음 "말씀만 하옵소서"를 관점으로 설교해 왔다. 그것은 분명히 하나의 관점이다. 그렇다면 예수님의 목적도 이것일까?

그렇다. 예수님께서 이 본문을 통하여 목적하시는 것도 백부장의 믿음이 틀림없다. 그러나, 백부장의 믿음을 드러내는 관점(point)에서 본문은 우리들의 관점과 다른 면을 보여 주고 있다.

일반적인 관점으로 다시 한 번 이 본문을 들여다 보자.

백부장이 예수님께 자신의 문제를 요청했다. 이 말을 들으신 예수님은 즉시 백부장의 집으로 가서 고쳐주겠다고 하신다. 그런데 갑자기 백부장의 태도가 바뀐다. 8절에 "내 집에 오심을 나는 감당할 수 없다", "내 집에 오시지 말라"는 것이다.

예수님께서 직접 가셔서 고쳐 주시겠다는데 오지 말라니 얼마나 황당한 일인가. 예수님이 내 집에 오시겠다는데 어찌 오시지 말라고 할 수 있겠는가? 안 오시겠다고 하셔도 억지로라도 모시고 가야 할 텐데, 예수님이 직접 가셔서 고쳐 주시겠다는데 왜 오시지 말라고 하는 것일까?

그런데 역설적이게도, 바로 이 부분이 본문을 통하여 예수님께서 드러내시려는 백부장의 믿음이다. 이 부분이 예수님께서 이 본문을 주신 목적이다.

그러므로 설교자는 이 부분을 핵심관점으로 설교해야 한다. 내 집에 오시지 말라는 것이 문제이고, 내 집에 오시지 말라는 것이 예수님이 보여주시려는 백부장의 믿음이다.

마태복음 8:14-17을 보자.

"예수께서 베드로의 집에 들어가사 그의 장모가 열병으로 앓아 누운 것을 보시고 그의 손을 만지시니 열병이 떠나가고 여인이 일어나서 예수께 수종들 더라 저물매 사람들이 귀신 들린 자를 많이 데리고 예수께 오거늘 예수께서 말씀으로 귀신들을 쫓아 내시고 병든 자들을 다 고치시니 이는 선지자 이사야를 통하여 하신 말씀에 우리의 연약한 것을 친히 담당하시고 병을 짊어지셨도다 함을 이루려 하심이더라"

자세히 보면 이 본문은 두 부분으로 되어 있다.

베드로의 장모가 열병으로 앓아 누운 것과 많은 사람들의 질병을 고치시고 귀신을 쫓아내신 것이다. 이런 본문은 엄밀히 말하면 두 개의 관점이 있지만 한 단락으로 묶여 있기에 한 개의 핵심관점으로 설교해도 된다.

베드로의 장모는 지금 열병 가운데 있다. 그런데 예수님이 그의 손을 만지실 때 그 열병이 떠나갔다. 열병은 손을 만져서 떠나는 질병이 아니다. 하지만 예수님이 손을 만지셨기에 열병이 떠난 것이다. 손을 만지신 것이 문제고 손을 만지신 것이 해결이 되는 것이다. 그러므로 관점은 "손을 만지다"이다.

저물매 많은 사람들이 귀신들린 자와 병자들을 데리고 예수님께 나아왔다.

그런데 예수님께서 모든 병자들을 다 고치셨다. 신앙적인 관점으로 보면 아무런 문제가 없다. 하지만 일반적인 관점으로 보면 모든 병자들을 다 고치는 의사가 있겠는가. 육적인 질병과 영적인 질병까지 모두를 고칠 수 있는 의사는 아무도 없다.

하지만 예수님은 어떤 질병도 다 고치시는 만병의 의사이시다. 그러므로 핵심적인 관점은 "다 고치시다"이다.

"손을 만지다"와 "다 고치시다"의 두 개 관점이 한 본문에 있다. 무엇이 더 강한 관점인가? "다 고치시다"란 관점으로 보면 핵심적인 관점은 한 개이다. 다 고치시는 방법 중 하나가 손을 만지셔서 고치셨기 때문이다.

마태복음 8:18-22절을 보자.

"예수께서 무리가 자기를 에워싸는 것을 보시고 건너편으로 가기를 명하시니라 한 서기관이 나아와 예수께 아뢰되 선

생님이여 어디로 가시든지 저는 따르리이다 예수께서 이르
시되 여우도 굴이 있고 공중의 새도 거처가 있으되 인자는
머리 둘 곳이 없다 하시더라 제자 중에 또 한 사람이 이르
되 주여 내가 먼저 가서 내 아버지를 장사하게 허락하옵소
서 예수께서 이르시되 죽은 자들이 그들의 죽은 자들을 장
사하게 하고 너는 나를 따르라 하시니라"

한 서기관이 예수님을 따르겠다는 결심을 고백한다. 그런데 예수님의 반응이 마치 이 서기관의 의지를 꺾으려는 듯 말씀하신다. 또 한 사람의 제자는 아버지의 장사를 허락해 달라고 청한다. 이번에는 예수님이 죽은 자들이 그들의 죽은 자를 장사하게 하고 무조건 따르라고 하신다.

일반적인 관점에서 생각해 보자. 두 경우 모두 쉽게 이해할 수 없지 않은가. 예수님을 따르는 문제가 이렇게 복잡해서야 누가 예수님을 따르겠는가. 아비의 장사도 못 치르게 하는 예수님의 처사를 누가 용납하겠는가?

그러므로 이 본문의 핵심적인 관점은 "따르다"이다. 따르는 것이 문제이고 어떻게 따를 것인가를 예수님이 말씀하시려는 것이다.

마태복음 8:23-27을 보자.

"배에 오르시매 제자들이 따랐더니 바다에 큰 놀이 일어나 배가 물결에 덮이게 되었으되 예수께서는 주무시는지라 그

> 제자들이 나아와 깨우며 이르되 주여 구원하소서 우리가 죽겠나이다 예수께서 이르시되 어찌하여 무서워하느냐 믿음이 작은 자들아 하시고 곧 일어나사 바람과 바다를 꾸짖으시니 아주 잔잔하게 되거늘 그 사람들이 놀랍게 여겨 이르되 이 이가 어떠한 사람이기에 바람과 바다도 순종하는가 하더라"

예수님과 제자들이 함께 타고 가던 배에 문제가 생겼다. 큰 물결이 일어나 배가 심하게 흔들리고 바닷물이 배에 가득하게 차면서 죽음의 위협이 느껴졌다.

이런 상황에 예수님은 주무시고 계셨다. 화가 난 제자들은 예수님을 깨우면서 자신들은 죽을 고비를 겪는데 어찌 예수님은 잠만 주무시느냐고 원망을 쏟아냈다.

그런데 잠에서 깨어나신 예수님은 오히려 제자들을 책망하시며 바람과 파도를 꾸짖어 잠잠하게 하셨다. 그 시간 배 안에서 이 광경을 지켜보던 사람들은 "이 이가 어떠한 사람이기에 바람과 바다도 순종하는가" 하며 매우 놀랐다.

이상하지 않는가? 배 안에 있던 사람들 대부분은 예수님 곁을 지키던 제자들이 아닌가! 이들이 예수님을 향하여 "이 사람이 어떠한 사람이기에"라고 말하는 이 부분을 일반적인 관점으로 보면 큰 문제로 여겨질 수밖에 없다.

다른 사람도 아니고 늘 예수님 곁에서, 예수님을 지켜보았던 제자들이 마치 처음 보는 낯선 사람을 대하는 것처럼 이런 말을 하다니…. 이는 문제가 아닐 수 없다. 그러므로 핵심적인 관점은

"이 이가 어떠한 사람이기에"이다. 예수님은 왜 제자들이 이런 형편없는 말을 했는가를 알게 하고 싶으신 것이다.

마태복음 8:28-34을 보자.

"또 예수께서 건너편 가다라 지방에 가시매 귀신 들린 자 둘이 무덤 사이에서 나와 예수를 만나니 그들은 몹시 사나워 아무도 그 길로 지나갈 수 없을 지경이더라 이에 그들이 소리 질러 이르되 하나님의 아들이여 우리가 당신과 무슨 상관이 있나이까 때가 이르기 전에 우리를 괴롭게 하려고 여기 오셨나이까 하더니 마침 멀리서 많은 돼지 떼가 먹고 있는지라. 귀신들이 예수께 간구하여 이르되 만일 우리를 쫓아 내시려면 돼지 떼에 들여 보내 주소서 허니 그들에게 가라 하시니 귀신들이 나와서 돼지에게로 들어가는지라 온 떼가 비탈로 내리달아 바다에 들어가서 물에서 몰사하거늘 치던 자들이 달아나 시내에 들어가 이 모든 일과 귀신 들린 자의 일을 고하니 온 시내가 예수를 만나려고 나가서 보고 그 지방에서 떠나시기를 간구하더라"

예수님께서 가다라 지방에 가시매 귀신 들린 두 사람이 무덤 사이에서 사납게 사람들을 위협하기 때문에 아무도 그 길을 지나지 못하고 무서워하는 상황이 소개된다. 그런데 예수님께서 이 귀신 들린 자 두 명을 치유하셨다.

본문을 살펴보면 관점으로 보이는 것들이 여러 개 있다.

* 귀신은 예수님이 누구신지를 정확히 알고 있다.

* 예수님이 귀신과의 대화를 통하여 해결점을 찾아가고 있다.

* 예수님께서 귀신들의 요구를 들어주셨다.

* 귀신들이 나와서 돼지 떼에 들어갔다.

이 모든 것이 관점이 될 수 있지만 일반적인 관점으로 보면 핵심적인 관점은 귀신이 돼지 떼에 들어간 것이다.
생각해 보자.
귀신 들린 자는 치유 받아서 좋겠지만 돼지 떼의 주인은 얼마나 황당할 것인가? 졸지에 재산의 전부를 몰살당했으니 누구에게 하소연을 해야 하겠는가? 돼지 치는 자와 아무런 연관도 없는 귀신 들린 자를 고치기 위해서 남의 재산을 함부로 몰살해도 되는 것인가?
예수님의 제자 마가는 이 날 몰살당한 돼지 떼의 숫자가 이천 마리(막 5:13)나 된다고 기록한다.
얼마나 큰 액수의 재산인가? 이 돼지 떼의 주인이 이 재산을 모으기 위해서 얼마나 많은 고생을 했겠는가? 그러므로 돼지 떼에 들어가게 한 것이 문제이다. 예수님은 귀신 들린 자를 치유하시기 위해서 돼지 이천 마리(엄청난 물질)가 사용되었음을 알게 하시려 하는 것이다.

* 관점이 설교를 들리게 한다.

분명한 관점없이 설교하는 것은 설교자와 청중 모두에게 집중력을 잃게 만든다. 한 편의 설교에서 한 개의 관점으로 설교를 진행해야 설교가 들린다. 하나의 관점을 중심으로 설교를 진행하면 청중은 그 관점을 중심으로 이미지를 갖게 된다.

그러나 관점이 없거나 관점이 너무 많으면, 설교의 중심이 흔들릴 수밖에 없다. 이런 설교는 본문 외에 이곳 저곳을 인용하거나 본문과 전혀 관계없는 설교를 하게 된다. 이 설교는 잘 들리지 않는다.

* 핵심적인 관점을 찾으려면

우선 본문을 집중해서 많이 읽어야 한다. 최소한 20번 이상은 정독해야 한다. 중요한 것은 하나님의 심정과 청중의 심정으로 읽는 것이다. 본문을 읽을 때 설교자의 선지식은 관점을 놓치게 한다. 위에서 여러 번 강조한 것처럼 일반적인 관점, 즉 청중적인 관점으로 읽어야 관점이 보인다.

신앙적이고 신학적인 관점으로 본문을 읽으면 관점이 잘 보이지 않는다. 본문에 따라서 관점이 여러 개 보일 수 있다. 중요한 것은 핵심적인 관점을 붙잡아야 한다는 것이다. 어떤 본문이든 반드시 핵심적인 관점이 있게 마련이다.

핵심적인 관점이 없는 본문은 단 한 구절도 없다. 한 구절만 있는 본문에도 핵심적인 관점은 있다.

설교자는 일반적인 관점으로 문제의식을 주고, 하나님의 목적으로 바꾸어서 해결을 주어야 한다. 이 목적이 정확히 들려질 때 청중은 자신의 문제를 해결하시려는 하나님의 목적을 발견하고 설교대로 움직이게 된다.

2장

하나님의 목적을 설교하라

 분명한 관점 없이 설교하는 것은 설교자와 청중 모두에게 집중력을 잃게 만든다. 중요한 것은 핵심적인 관점을 붙잡아야 한다는 것이다. 어떤 본문이든 반드시 핵심적인 관점이 있게 마련이다.

성경은 하나님의 목적을 중심으로 기록되었음을 앞 장에서 설명했다. 설교자의 사명은 하나님의 목적을 찾아 그 목적을 전달하는 것이다.

본문의 핵심적인 관점을 찾으면 이 핵심적인 관점이 일반적인 관점으로 볼 때는 문제가 되지만 하나님 편에서는 본문을 기록하게 하신 목적이 된다.

본문	핵심적인 관점(문제)	하나님의 목적(해결)
마 8:1-4	손을 대시다	예수님이 손을 대시면 어떤 질병도 치유 됨을 보이심으로 예수님을 알게 하심
마 8:5-13	내 집에 오면 안 됨	내 집에 예수님을 오시지 못하게 하는 것은 백부장이 예수님이 누구 신가를 바로 알기 때문. 그 믿음을 일부러 공개하심
마 8:14-17	다 고치시다	예수님은 어떤 질병이라도 다 고치시는 만병의 의사이시다
마 8:23-27	이이가 어떠한 사람인가	제자들이 왜 이런 고백을 했는가를 알게 하심. 제자들의 신앙의 현주소
마 8:28-34	돼지 떼에 들어간 것	귀신 들린 자를 치유하기 위해서 엄청난 물질이 사용됨

설교자가 관점을 가져야 하는 가장 중요한 이유는 하나님의 목적을 말해야 하기 때문이다.

관점이 없으면 하나님의 목적도 드러낼 수 없다.

위에서 보았듯이 핵심적인 관점과 하나님의 목적이 하나로 나타나야 한다.

하나님의 목적을 중심으로 설교하라

본문에서 이제 설교자가 하나님의 목적을 드러내는 관점을 가지게 되었다면, 그 목적을 제대로 전달하기 위해 설교자는 설교를 진행하는 능력도 갖추어야 한다.

1. 하나의 관점으로 설교를 진행하라

한 편 설교에서 관점이 여러 개 제시된다면 설교자도 청중도 집중력을 잃게 된다. 하나를 집중적으로 설교할 때에 청중을 설득하는 에너지도 강하게 나타난다.

한 개의 관점으로 설교해야 하기에 핵심적인 관점을 찾아야 하고, 이 핵심적인 관점 한 개를 집중적으로 설교해야 한다.

2. 핵심관점이 설교의 목적이다

본문에서 핵심관점을 찾는 것은 문제만을 드러내기 위함이 아니다. 이 관점을 통하여 하나님의 목적을 드러내는 것이 목적이다.

따라서 설교자는 일반적인 관점으로 문제의식을 주고, 하나님의 목적으로 바꾸어서 해결을 주어야 한다.

이 목적이 정확히 들려질 때 청중은 자신의 문제를 해결하시려는 하나님의 목적을 발견하고 설교대로 움직이게 된다.

3. 하나님의 목적을 중심으로 적용하고 결단시켜라

하나의 관점(목적)으로 설교를 듣고 있는 현 청중이 설교를 통해 오늘 자신의 문제가 무엇인가를 찾게 하고 해결방향을 제시하며 결단에 이르도록 이끌어야 한다.

이것이 목적(관점)을 중심으로 청중을 적용하고 결단 시키는 것이다.

이 세 가지를 설교를 통하여 집중력 있게 전개하려면 설교자에게 설교를 진행하는 능력이 필요하다.

이 설교의 진행능력은 설교자가 설교원고를 작성하고 전달하는 과정에서 필수적이다. 설교자들이 본문을 설교로 옮기는 과정에서 이 진행능력이 부족하기 때문에 설교에 대한 부담감과 전달의 어려움을 호소하게 되는 것이다.

프레임을 기능적으로 사용하여 설교를 전달하면 청중이 설교에 집중하는 정도가 놀라울 정도로 달라진다. 프레임적인 사고를 하도록 노력해야 한다. 프레임을 설교자의 머리에 그려두고 성경을 볼 때마다 프레임적인 사고를 해야 기능이 익혀진다.

3장

설교 진행을 위한 FRAME

설교 진행을 위하여 반드시 틀(frame)이 있어야 한다

 제시되는 핵심관점을 청중이 설교를 들어야 할 이유로 받아들이게 하려면 청중의 관점을 통하여 문제의식을 주면 더욱 효과적이다.

하나님의 목적을 중심으로 처음부터 끝까지 설교를 진행하도록 이끌어 주는 것이 프레임이다.

한 마디로 프레임은 설교진행을 위한 도구이다.

설교자마다 사용하는 프레임이 있다.

예를 들자면 서론, 본론, 결론 등으로 진행되는 직선논리도 프레임이다. 이야기 중심으로 진행되는 스토리텔링(storytelling)도 프레임이다.
프레임이 있는 설교와 프레임이 없는 설교의 중요한 차이점은 설교의 결과에서 나타난다.
프레임이 없는 설교의 특징은 전개가 혼란스럽고 복잡하다. 청중이 설교에 집중하는 정도가 아주 낮다.

프레임이 있어야 설교가 들린다.

설교를 어떻게 진행할 것인가는 설교자가 결정하는 것이다. 그러므로 설교자만의 프레임을 결정해야 한다.
그러려면 설교자가 설교결과에 대한 객관적인 평가를 가지고 어떤 프레임을 사용할 것인가를 결정해야 한다. 프레임은 설교자에게는 설교 진행의 능력을 주지만 청중에게는 설교가 잘 들리게 하는 역할을 한다.

1. 설교를 이끌기 위한 도입 – 청중의 마음을 열어라

청중이 설교를 들을 수 있도록 마음의 준비가 필요하다. 설교자는 효과적인 설교 진행을 위해서 청중의 마음을 열어야 한다.

한 주간 동안 지치고 힘든 시간을 보냈거나 여러 가지 사건들로 복잡한 청중이 모든 것을 내려놓고 설교에 집중할 수 있도록 설교자의 배려가 우선이다. 축복의 멘트를 할 수도 있고, 크게 웃을 수 있는 편안한 유머도 좋다. 두 가지 모두 여의치 못하다면 옆 사람과 인사를 나누며 긴장을 풀게 해도 된다.

2. 설교를 이끄는 핵심관점 – 일반적인(청중의) 관점으로 문제를 제시하라

본문의 상황을 소개하면서 오늘 설교를 이끌어 갈 핵심관점을 분명하게 제시해야 한다. 이때 주의해야 할 점은 하나의 관점을 핵심적으로 제시해야 한다.

제시되는 핵심관점을 청중이 설교를 들어야 할 이유로 받아들이게 하려면 청중의 관점을 통하여 문제의식(-)을 주면 더욱 효과적이다.

평소 청중은 성경을 읽으면서 많은 의문점들을 가진다. 하지만 설교자는 청중의 이러한 관점을 믿음이 없는 현상이라고 생각하고 더 강한 신앙을 강조했다.

이럴 때 청중은 설교를 들어야 할 이유를 더 이상 느끼지 못하게 되는 것이다. 평소 설교자가 늘 하던 이야기가 본문만 다를 뿐 또 전개된다는 것을 알기 때문이다.

본문의 상황을 일반적 관점의 문제로 제시하고 청중의 눈높이에 맞추어 접근해야 한다. 핵심적인 관점이 왜 문제가 되는지를 설득력 있게 전개하면 청중은 설교를 들어야 할 이유를 가지게 된다.

예를 들어 나병환자에게 왜 손을 대면 안 되는지, 내 집에 들어오지 못하게 하는 것이 왜 문제인지를 청중적인 관점=일반적인 관점으로 설득해야 한다.

3. 하나님의 목적을 중심으로 해결하라

일반적인 관점으로 제시된 문제가 하나님의 목적을 중심으로 어떻게 해결 되는지를 말하는 것이 설교의 목적이다. 이 목적을 전달하기 위해서 청중에게 문제의식을 갖게 하는 것이다.

모든 본문은 하나님의 목적이 숨겨져 있다. 설교자는 이 목적을 찾아서 이 목적을 중심으로 어떻게 문제가 해결되는지 그 과정을 보여주어야 한다.

하나님은 문제가 해결되는 과정을 두 가지로 보여주고 계신다. 하나는, 인간의 헌신과 움직임을 통하여 문제를 해결하신다. 성경 인물이 어떻게 문제를 해결하기 위해서 노력하는가를 보여주는 것이다.

다른 하나는, 하나님이 직접 문제를 해결하시는 것이다. 문제해결을 위하여 하나님께서 직접 움직이신다. 이 두 가지 모두 하나님의 목적을 이루시는 해결과정이다.

설교자가 하나님의 목적을 중심으로 해결의 과정을 선명하게 보여줄 때 청중은 자신의 문제를 해결하시는 하나님을 향하여 움직일 준비를 한다.

예를 들어, 나병환자에게 손을 대신 목적이 예수님의 손이 닿으면 어떤 불가능도 해결이라는 목적을 분명히 주어야 청중도 예수님의 손을 붙잡는다. 이것이 설교를 통하여 드러내시려는 하나님의 목적이다.

나병환자가 예수님이 손을 대시도록 헌신한 부분도 놓치지 말아야 한다. 만일 그가 예수님께 나오지 않고 집에 있었더라면 어찌 되었겠는가? 나병환자의 노력과 움직임도 하나님의 목적이다.

나병환자를 묶어두었던 모든 제약들과 방해의 요소들을 깨뜨리고 예수님을 만나면 치유될 수 있다는 믿음만으로 예수님을 찾아온 그의 행동과 사람들 사이에서 담대히 자신의 질병을 알리고 치유를 소원하는 그의 목소리는 분명히 해결을 주도하신 하나님의 목적이 담긴 부분이다.

4. 하나님의 목적을 중심으로 적용하라

오늘 설교를 듣고 있는 현 청중도 수많은 문제를 가지고 앉아

있다. 이들이 설교를 들으려고 나왔을 때는 자신의 문제를 해결하려는 욕구가 있기 때문이다. 설교자는 청중의 이러한 문제해결을 위한 욕구를 알고 설교해야 한다. 이 청중의 욕구를 끌어내는 것이 적용이다.

한 사람의 문제는 그가 관계하고 있는 많은 사람들의 문제이다. 남편의 문제는 아내의 문제이고 자식의 문제이다. 더 나아가 부모와 형제들의 문제이기도 하다. 청중은 문제해결을 원하고 있다. 문제의 종류도 한두 가지가 아니다. 수백 가지, 아니 수천 가지가 될 수 있다.

이런 다양한 문제를 한 번의 설교를 통하여 모두 해결 할 수 있겠는가? 그래서 문제의 정의를 분명히 해야 한다. 설교자가 이 부분에 지나치게 욕심을 내기 때문에 설교를 하나의 관점으로 집중시키지 못하고 이것저것을 섞어내는 것이다.

본문에서 제기된 문제, 핵심적인 관점이 청중문제의 정의이다.

본문에서 제기된 문제와 청중의 문제를 동일시해야 하나의 관점으로 설교를 진행할 수 있다. 설교가 마무리 될 때까지 핵심적인 관점이 바뀌어서는 안 된다. 본문에서 제기된 핵심적인 관점이 오늘 청중의 문제를 해결하시려는 하나님의 목적이기 때문이다.

예를 들면, 오늘 우리 안에도 나병과 같은 불가능의 문제가 많이 있다. 청중은 의사의 손을 예수님의 손보다 더 믿고 의지하는 것이 문제이다. 그래서 예수님의 손을 무시하거나, 예수님이 손을 댄다고 해결 될 수 있느냐고 오히려 예수님의 손을 붙잡으라는 소리를 대적하고 노골적으로 바보 취급한다. 이것이 청중 입장에서 바라본 문제의 정의이다.

문제의 정의를 주었다면 해결 방향도 제시해야 한다.

나병환자와 같이 믿음을 가지고 예수님께 나아오게 하는 것이 해결 방안이다. 청중이 예수님의 손을 믿지 못하는 것은 일반적인 관점만을 가졌기 때문이다. 즉 신앙이 없기 때문이다.
이런 청중의 일반적인 관점을 신앙적인 관점으로 바꾸어 주는 것이 설교자의 사명이다. 청중이 더 확신을 가지고 움직일 수 있도록 나병환자의 문제를 해결하셨던 하나님을 오늘 내 문제를 해결하시는 하나님으로 붙잡게 해야 한다.

5. 결단을 통하여 청중이 행동하게 하라

청중이 설교를 듣고 무조건 움직이게 해야 한다. 설교를 듣는 데서 만족하고 움직이기를 싫어한다면 어떤 변화도 기대할 수 없다.

핵심적인 관점으로 본문의 문제가 해결되는 것을 성경인물의 헌신과 행동으로 보여주었다면, 이제 설교자는 이것을 근거로 청중을 움직여야 한다.

나병환자가 자신의 문제를 해결하기 위해 모든 방해를 극복하고 예수님께 나왔다. 그가 행동함으로 기적을 받았다. 이를 근거로 설교자는 청중이 예수님께 나아오도록 결단시키고 행동하도록 분명한 지침을 주어야 한다.

한 번 설교에서는 한 가지 결단하는 것으로 충분하다. 설교자의 욕심으로 많은 것을 요구하면 청중은 쉽게 포기해 버린다. 누구나 할 수 있는 것으로, 구체적인 행동의 지침과 함께 그 결단을 제시해 주어야 청중이 나도 할 수 있다는 생각으로 행동하게 된다.

예를 들면, 우리도 예수님이 손을 대시도록 예수님께 나아가야 한다.
예수님은 내게 손을 대시어 내 문제를 해결해 주시려고 예배시간마다 나를 기다리신다. 예배는 예수님이 손을 대시는 시간이다. 예배에 참석하는 한 사람 한 사람을 향하여 손을 내미시며 치유와 회복을 주신다. 예수님이 손을 대시는 예배로 나아와야 한다.

그리고 예배에 어떻게 나아 올 것인가에 대한 구체적인 지침을 주어야 행동한다. 예배는, 처음부터 끝나는 시간까지 참예해야 한다. 늦으면 안 된다.

예배를 방해하는 요소들을 제거해야 한다. 핸드폰, 낙서, 주보 읽기, 집중하지 못하게 하는 딴 생각 등을 제거해야 한다. 구체적일수록 결단과 행동이 빨리 이루어진다.

위의 프레임을 다시 정리하면,

F1	F2	F3	F4	F5
청중의 마음열기	핵심적인 관점으로 문제제기	하나님의 목적을 중심으로 해결	현 청중의 문제와 해결방향	변화를 이끄는 구체적인 행동

(F = frame)

Frame은 논리적인 구조다

프레임은 논리적인 전개를 위하여 필요한 것이지 신학이 아니다. 더 논리적인 구조가 존재 한다면 그것을 가져야 설교 진행이 더 효율적이다.

프레임을 가지면 설교자가 본문을 더 집중적으로 사고할 수 있다.
프레임의 기능을 따라서 본문을 사고하면 본문이 더 깊고 넓게 보인다.
프레임은 원고를 작성하는 데 탁월한 도움을 준다.
프레임은 설교를 전달하는 능력도 향상 시킨다.
프레임을 기능적으로 사용하여 설교를 전달하면 청중이 설교에 집중하는 정도가 놀라울 정도로 달라진다.

　프레임적인 사고를 하도록 노력해야 한다. 프레임을 설교자의 머리에 그려두고 성경을 볼 때마다 프레임적인 사고를 해야 기능이 익혀진다.

　핵심적인 관점이 프레임의 기능에 따라서 설교로 전달되는 것이 프레임이 존재하는 이유이다. 프레임은 설교를 담아 옮기는 그릇이다. 하나님의 목적을 옮기는 그릇이다.

　중요한 것은 프레임이라는 것이 핵심적인 설교의 시작부터 마무리까지 하나로 전달하기 위한 구조라는 것을 명심해야 한다는 것이다. 따라서, 설교자에게 프레임이 견고 할수록 설교의 에너지는 극대화 된다.

예수님이 꼭 우리 집에 오셔야 하고 내가 원하는 장소, 내가 하는 어떤 일에 꼭 예수님이 머무셔야 한다는 그 바람! 심정적으로는 이해가 가지만 꼭 그렇게 모든 것이 내가 원하는 대로 되어야 한다고 고집하는 신앙은 문제가 있는 것입니다.

γὰρ ὁ υἱὸς τοῦ ἀνθρώπου οὐκ ἦλθεν διακονηθῆναι ἀλλὰ διακονῆσαι καὶ δοῦ κονηθῆναι ἀλλὰ διακονῆσαι καὶ δοῦναι τὴν ψυχὴν αὐτοῦ λύτρον ἀντὶ πολλῶν χὴν αὐτοῦ λύτρον ἀντὶ πολλῶν καὶ γὰρ ὁ υἱὸς τοῦ ἀνθρώπου οὐκ ἦλθεν διακον ἀνθρώπου οὐκ ἦλθεν διακονηθῆναι ἀλλὰ διακονῆσαι καὶ δοῦναι τὴν ψυχὴν κονῆσαι καὶ δοῦναι τὴν ψυχὴν αὐτοῦ λύτρον ἀντὶ πολλῶν καὶ γὰρ ὁ υἱὸς τοῦ ὶ πολλ υἱὸς τοῦ ἀνθρώπου οὐκ ἦλθεν διακονηθῆναι ἀλλὰ διακονῆ αι καὶ δοῦναι

4장

보여주는 설교

핵심관점과 프레임을 중심으로

 백부장은 이렇게 말합니다. 나는 예수님이 우리 집에 오시는 것을 감당할 수가 없습니다. 나는 예수님이 누구신지 압니다.

1. 마태복음 8:5-13
핵심관점: 내 집에 오지 마소서

F1- 설교를 이끌기 위한 도입

우리 옆 사람과 인사합니다.
"사랑 합니다. 축복 합니다. 당신은 이 세상에 가장 소중한 사람입니다."

살면서 우리는 여러 사람을 만나고, 여러 사람의 이야기를 듣습니다. 사람들에게 본이 되는 훌륭한 이야기도 있는가 하면 저런 사람들은 없었으면 좋을뻔했다는 사람들의 이야기도 종종 듣게 됩니다. 요즘 뉴스에 보면 좋은 사람들의 이야기보다는 불편한 사람들의 이야기가 훨씬 많이 우리 귀에 들립니다.
그럴 때마다 여러분은 어떤 생각이 듭니까!

예수님 주변에는 항상 많은 사람들이 있었습니다. 예수님을 만나려는 사람들도 있었겠지만 예수님에 대한 궁금증을 가지고 도대체 예수님이 누구신지 알고 싶어서 쫓아다니던 무리들도 있었습니다.

F2- 설교를 이끄는 핵심관점

예수님이 가버나움에 들어가셨을 때 한 사람이 주님 앞에 나왔습니다.

그는 자신을 로마 군대의 백부장이라고 소개하고 있습니다. 당시 백부장은 로마의 하급 장교 중 한 사람으로 100명의 군인들을 다스리는 수장입니다. 이 사람이 예수님 앞에 문제를 가지고 나왔다는 것을 우리가 읽었습니다.

자기의 종, 하인이 죽게 되었기에 예수님을 통하여 치료할 목적을 가지고 주님 앞에 나온 것입니다.

백부장 정도의 지위에 있는 사람이라면 그 수하의 종 하나쯤 어떻게 되어도 별 지장이 없을 만한 사람입니다. 그런데 자기 집에 있는 종 하나가 병들어 죽게 된 문제를 가지고 주님 앞에까지 나왔습니다. 그리고 주님께 고쳐달라고 말합니다.

유대인인 예수님, 로마의 장교인 백부장, 누가 보아도 이 만남은 어색하게 보이는 것이 당연합니다.

로마의 백부장이 예수님을 향하여 권위적인 태도를 가지고 (당시에는 로마가 유대를 지배하고 있었기 때문에) 명령할 수도 있겠고, 예수님을 강제로 데려갈 수도 있겠고, 또 자기가 직접 오지 않고 누군가를 시켜서 자기 하인의 병을 치료할 수 있도록 조치를 취할 수도 있는 사람입니다.

그런데 이 사람이 직접 나섰습니다. 직접 예수님을 찾아와서 자기의 문제를 내어놓고 예수님께 간청합니다. 그러자 예수님은 이 백부장의 요청대로 "내가 가서 너희 집에 있는 종을 고쳐줄 것이다. 그러니 앞장서라"고 말씀하십니다.

그런데 조금 전까지 자기 종의 문제를 말하고 간청했던 백부장의 태도가 갑자기 달라졌습니다. 예수님께서 "가자 내가 너희 집에 가서 너의 종을 고쳐 주리라" 이렇게 말씀했더니 이 백부장이 예수님에게 엉뚱한 말을 합니다.

"우리 집에 오지 마십시오! 우리 집에 오시는 것을 내가 감당할 수가 없습니다. 우리 집에 오지 마십시오!"

아니, 이럴 수가 있습니까!

조금 전까지만 해도 자기 종의 문제를 아뢰며 "내 종을 고쳐주세요" 간청했던 백부장이 갑자기 태도를 바꾸어 대놓고 예수님께 오지 말라고 거절합니다. 예수님을 거부한 것입7니다. 예수님을 자기 집에 들일 수 없다며 자기 집에 오지 말라고 합니다. 이것은 무슨 태도입니까!

여러분 생각해 보십시오!

지금 자기 집에 문제가 생겼습니다. 그것을 아신 예수님께서 문제의 장소에 가셔서 문제를 해결해 주시겠다고 합니다. 그런데 이 백부장은 예수님은 오시지 말라고 합니다. 예수님을 거부합니다. 내 집에는 올 수 없다고 완강한 태도로 예수님을 가로막습니다.

예수님이 안 가시겠다고 해도 억지로라도 모시고 가야 하는 것 아닌가요? 그런데 왜 내 집에 오지 말라고 태도가 변한 것입니까?

여러분, 예수님이 누구십니까? 예수님이 백부장의 집으로 가신다면 그 집에 무슨 일이 일어나겠습니까?

그 백부장 하인이 고침 받는 것은 물론이거니와 예수님이 그 백부장의 집에 들어가신다면 그 집에 얼마나 많은 기적과 이적이 일어날지 생각만 해도 행복하고 즐거운 일입니다. 그런데 무엇 때문에 백부장은 예수님이 자기 집에 오시는 것을 거절하는 것일까요?

자기가 로마의 백부장 정도인데 유대인 나사렛 출신 예수가 막상 자기 집에 오신다고 하시니 부끄럽고 창피했을까요? 아니면 로마의 백부장인 자기 집에 유대인이 들락거리는 것이 권위가 떨어진다고 생각했을까요?

당시 예수님은 유대인들에게 대단한 인기가 있었습니다. 그래서 로마인들은 예수님에 대한 경계심을 가지고 있었습니다. 반란이라도 일어나서 유대사회가 복잡해지는 것을 염려했기 때문입니다.
이런 문제의 중심에 있는 예수님이 자기 집에 온다면 아마도 자기의 직책이나 자기 주변에 여러 가지의 위험성이 있다고 생각했기 때문에 예수님을 거절했을까요?
왜 갑자기 백부장이 예수님을 거절하는 것일까요?

왜 자기 집에 오지 말라고 합니까? 왜 예수님이 오시면 안 된다고 하는 겁니까!

백부장이 예수님을 자기 집에 오지 말라고 거절할 때 그 주변에서 이 이야기를 듣던 많은 사람들은 어떤 생각을 했겠습니까? 필경 많은 사람들은 예수님이 무시당했다고 생각했을 것입니다. 백부장이 예수님을 함부로 대한다고 생각할 수 있습니다.

여러분의 생각은 어떻습니까?

이 백부장은 말을 타고 자기를 지키는 호위병 몇 명과 같이 왔을 것입니다. 이런 백부장의 모습은 아주 권위적이고 당당하고… 그랬겠지요?

반면에, 예수님은 지치고 힘든 모습으로 길거리를 걸어 다니셨고 예수님의 주변에는 언제나 문제투성이의 사람들이 있었습니다. 그 모습을 한 번 상상해 보십시오! 예수님은 "가자" 하시는데, 권위적인 백부장은 "오지 마십시오" 합니다. 이는 누가 보아도 예수님을 노골적으로 무시하고 홀대 하는 모습이라고 여기기에 마땅합니다.

성경은 이 백부장이 예수님을 거절했다는 이야기를 숨김없이 말하고 있습니다. 어떤 면에서 이런 이야기는 예수님에게는 숨기고 싶은 이야기 중 한 대목일 수 있습니다.

예수님이 사역하시던 중 로마의 백부장으로부터 노골적으로 거절당하셨습니다. 예수님에게는 조금 부끄러운 일이지요. 성경에 이런 기사를 써놓는 것 자체가 어떤 의미에서는 예수님을 불편하게 하는 일입니다.

그런데 성경은 이 부분을 그대로 기록하고 있습니다. 무슨 이유일까요?

F3- 하나님의 목적을 중심으로 해결

예수님은 지금 이 백부장이 자기 집에 예수님을 오지 말라고 말하는 것이 예수님을 무시하거나 예수님을 홀대하는 것이 아니라는 사실을 알고 계셨기 때문입니다.

사람들은 겉모습 밖에는 볼 수 없습니다. 하지만 예수님은 어떤 사람 속에 감추어진 모습까지, 그 심정까지, 그 목적까지 다 아시는 분입니다.

예수님은 백부장이 "우리 집에 오지 마세요. 나는 우리 집에 예수님이 오시는 것이 부담스럽습니다"라고 거부했을 때 이것이 예수님을 홀대하는 것이 아니라 이 짤막한 고백 속에 예수님을 향하여 백부장이 어떤 중심을 가지고 있는가를 아셨습니다.

그래서 성경에는 이 백부장의 모습이 그대로 기록됐고, 이 백부장이 가지고 있는 '우리 집에 오지 마세요!'라고 하는 이 고백이 오늘 이 시대를 살아가는 저와 여러분의 고백이 되길 주께서 원하신다는 사실을 깨닫기 바랍니다.

백부장이 예수님을 오지 말라고 한 것은 이유가 있습니다. 그것은 백부장이 가지고 있는 신앙고백이었습니다. 한마디로 말하면 백부장이 가지고 있는 믿음이었다는 말입니다.

이 백부장은 예수님이 누구신지 알고 있었습니다.
그래서 "내 집에 오지 마소서"라고 말 한 것입니다.
나는 예수님이 우리 집에 오시는 것을 감당할 수 없습니다. 나는 우리 집에 예수님을 모실 수가 없습니다. 왜? 예수님이 누구인지 알기 때문입니다. 반대로 예수님이 누구신가를 알기 때문에, 자기 자신이 예수님 앞에서 얼마나 형편없는 사람인 것도 알기 때문에, 예수님을 자기 집에 모시고 갈 수 없다는 신앙고백입니다.

이 백부장의 믿음을 보십시오.

이 백부장의 신앙고백을 들어보십시오. 백부장은 이렇게 말합니다. 나는 예수님이 우리 집에 오시는 것을 감당할 수가 없습니다. 나는 예수님이 누구신지 압니다.

백부장은 지금 예수님을 누구로 보았지요? 예수님을 전능하신 하나님, 말씀 한 마디만으로도 병을 고치고 사람을 살리고 말씀만으로도 기적을 일으킬 수 있는 진정한 하나님, 참 하나님, 능력의 하나님이라는 사실을 백부장이 믿고 그것을 지금 고백하고 있단 말입니다.
그래서 하나님이신 예수님이 우리 집에, 나같이 초라하고 부족하고 형편없는 사람의 집에 오는 것을 감당할 수가 없기 때문에 여기서 말씀만 해주시면 내 하인이 나을 수 있다고 신앙 고백을 한 것입니다. 그는 이렇게 믿음의 고백을 주께 드려서 예수님을 기쁘시게 했다는 사실을 믿으시기를 축원합니다.

예수님은 이 백부장의 믿음을 얼마나 기뻐하셨는지 충격을 받으셨습니다.

성경은 이렇게 말합니다.

"예수님이 놀라셨다"

예수님의 충격이 대단했다는 말입니다. 이 백부장의 믿음과 신앙고백이 얼마나 확실한지 주님이 놀랄 만큼의 믿음과 신앙고백이었습니다.

예수님은 이 백부장의 믿음과 신앙고백대로 기적을 주셨습니다.

여러분! 하나님을 향한 믿음의 결과, 하나님을 향한 올바른 신앙의 고백은 반드시 하나님이 그 결과를 주신다는 사실을 믿으시기를 축원합니다.

예수님은 그의 믿음대로 결과를 주셨어요.

이 백부장이 "여기서 말씀만 하시면 낫습니다" 라는 믿음의 고백을 했기 때문에 예수님께서도 그의 믿음대로 "네 종이 나았다"고 선포하셨습니다.

그 결과 즉시 그 하인이 나았습니다. 할렐루야! 믿음대로 말씀만으로 즉시 나았습니다!

이 백부장의 믿음은 즉시 기적을 받는 믿음이었습니다. 이 백부장의 믿음은 즉시 기적을 일으키는 믿음이었습니다.

얼마나 놀라운 믿음입니까! 얼마나 놀라운 능력입니까! 얼마나 놀라운 신앙고백입니까! 그래서 예수님은 이 백부장의 믿음을 성경에 기록하여 오늘 이 시대를 살아가는 저와 여러분도 이 백부장과 같은 믿음을 갖기 원하실 것입니다.

그러시면서 예수님은 주변에 있는 사람들과 이스라엘 전체를 책망하셨습니다.
유대인들은 자기들만 하나님의 선택된 백성이고, 자녀이기 때문에 가만히 있어도 구원받고, 가만히 있어도 은혜가 쏟아지고, 가만히 있어도 기적이 일어난다고 생각했습니다. 이런 그들을 예수님은 책망하셨습니다.

"이스라엘 본 자손들은 바깥 어두운데 쫓겨나 거기서 울며 이를 갈게 되리라…"

이것이 무슨 말입니까?
믿음이 없으면, 신앙고백이 없으면 설사 그가 택한 자라 할지라도, 유대인이라고 할지라도 하나님이 버리실 것이지만, 이 이방사람 백부장처럼 올바른 믿음과 올바른 신앙고백을 가지고 있다면 하나님은 누구에게든지 은혜를 베푸시고 기적을 준다는 사실을 성경이 강조하고 있다는 사실을 주목하셔야 합니다.

주님은 우리의 무엇을 보십니까?
믿음을 보십니다. 주님이 우리에게 가장 관심이 있으신 것은 주님을 향한 올바른 신앙고백이고 주님을 향한 분명한 믿음입니다. 이런 믿음과 신앙고백이 있을 때 하나님은 우리를 받으시고, 우리에게 은혜를 주시고, 기적을 주시고, 우리의 삶에 찾아오신다는 사실을 믿으시기를 축원합니다.

F4- 관점으로 청중적용

사랑하는 여러분!
이 백부장의 모습을 보면서 우리의 모습을 살펴보시기를 바랍니다.

우리는 이 백부장과 반대되는 생각을 가지고 살아갑니다. 무슨 뜻이죠? 우리는 예수님께서 우리 집에 반드시 오셔야 한다고 생각합니다. 다른 집은 몰라도 우리 집에는 예수님이 꼭 오셔야 한다고 고집을 부립니다. 여러분 생각도 그렇지 않으세요?

예수님이 우리 집에 오셔야 한다!
예수님이 우리 가게에 오셔야 한다!
예수님이 내가 하는 일마다 꼭 찾아오셔야 한다!

그러면서 동시에 이런 생각도 가집니다.

예수님은 나에게 별로 관심이 없다. 예수님은 돈 많이 내는 사람에게만 관심이 있다. 예수님은 특별한 사람에게 관심이 있다.

우리 중에 이런 생각에 사로잡혀 있는 사람들이 의외로 많다는 것을 발견하게 됩니다. 그래서 어떤 사람들에게 기적이 일어나고, 어떤 사람에게 은혜가 나타날 때 자기와 비교해서 우리들은 종종 열등의식을 가지게 됩니다.

예수님은 왜 저기에 저런 은혜를 주실까? 예수님은 왜 저 사람에게 저런 은혜를 주실까? 그러면서… 아, 예수님은 나에게 관심이 없나 보다. 예수님은 나를 버리셨나 보다. 예수님은 나를 무시한다. 이렇게 괜히 자기 혼자 열등감에 시달리며 힘들어 합니다.

오늘 여러분의 태도를 바꾸셔야 합니다!

예수님이 꼭 우리 집에 오셔야 하고 내가 원하는 장소, 내가 하는 어떤 일에 꼭 예수님이 머무셔야 한다는 그 바람! 심정적으로는 이해가 가지만 꼭 그렇게 모든 것이 내가 원하는 대로 되어야 한다고 고집하는 신앙은 문제가 있는 것입니다.

무엇이 문제일까요?

그것은 예수님께서 언제 어디서나 우리의 삶에 찾아오시고, 우리 삶에 은혜를 주시고, 우리 삶에 기적을 주신다는 사실을 우리가 올바로 믿지 못할 때에 갖는 신앙의 잘못된 모습입니다. 오늘 이 모습을 고쳐야 합니다!

어떻게 고쳐야 합니까?
바른 믿음과 바른 신앙고백을 가지면 고쳐집니다!

우리가 어떤 일을 하든지, 우리가 누구와 머물고 있든지, 예수님의 그 말씀대로 믿고 따르기만 하면 내 어떤 문제도 해결된다는 믿음을 가지시기를 주님의 이름으로 축원합니다.

사랑하는 여러분, 예수님이 내 집에 오시지 않았기에 기적이 일어나지 않는 것이 아닙니다! 예수님께서 현장에 계시지 않기 때문에 기적이 안 일어나는 것이 아니라 내 믿음의 부재 때문에 기적이 안 일어난다는 것입니다. 내 믿음이 문제입니다! 내 믿음을 바로 세워야 합니다!

예수님은 이미 말씀을 다 하셨거든요. 여기(성경)에 예수님이 다 말씀하셨단 말입니다. 문제는 성경에 주님께서 이미 하신 말씀을 내가 얼마나 아멘으로 반응했는가 하는 점입니다.
내가 이대로 되는 줄로 믿습니다! 이 말씀이 내 문제를 향한 예수님의 해결의 말씀인 것을 믿습니다! 이런 믿음을 가지면 즉시 기적이 일어납니다! 이미 말씀해 놓으신 성경을 아멘으로 믿기만 하면 말씀하신 대로 여러분 삶에서 그대로 즉시 이루어진다는 사실을 믿으시기를 축원합니다.

백부장을 보십시오.

"가라! 네 하인이 낳았느니라" 하시니 바로 돌아서 가잖아요.

돌아서서 간다는 것은 무엇을 의미하는 것이지요? 그 말씀을 그대로 믿었다는 고백입니다. 믿었기 때문에 돌아가는 것입니다. 믿지 못하는데 어떻게 갈 수 있겠어요.
백부장이 예수님의 말씀을 믿고 돌아선 것이 믿음입니다. 백부장의 믿음이 하인을 중병에서 치유 받게 했습니다. 예수님께서 "가라 네 종이 나았다"라고 하시자 백부장은 믿음으로 집을 향해 돌아섰습니다. 그때 그 하인이 치유 받았습니다. 믿음은 말씀을 믿고 돌아서는 것입니다. 우리에게도 이 믿음이 필요합니다. 예수님은 이런 믿음을 가진 자에게 기적을 주십니다.

F5- 관점으로 청중결단

오늘 여러분도 기적을 하나씩 받아야 되지 않겠어요? 이 시간 우리도 하나님 앞에 믿음을 가지고 하나씩 고침을 받읍시다. 자, 이 시간 여러분이 내놓아야 할 가장 시급한 문제가 무엇입니까?
아픈 사람이 있다면 고쳐주세요. 돈이 필요하다면 돈을 주세요. 또 어떤 일에 하나님의 결정적인 도우심이 필요하다면, 주의 도움을 요청하세요. 지금 하나님 앞에 즉시 기적을 받을 만한 문제를 내어 놓아야 기적을 받을 수 있습니다.

성경은 오늘 뭐라고 말했지요? 가라! 네 믿음대로 된다! 이렇게 이미 주님 말씀이 떨어졌거든요. 백부장에게 말씀하신 것처럼 오늘 우리에게도 똑같이 주님의 말씀이 떨어졌어요.

너의 하인이 나았느니라, 가라! 이렇게 말씀하신 것처럼 "너에게 이제 돈이 쏟아진다. 가라! 너의 사업이 잘 된다. 가라! 너의 문제가 해결된다. 가라!" 오늘 주님이 나에게 똑같이 말씀하셨습니다! 아멘!

내가 "아멘"한 믿음대로 될 줄을 의심치 말고 믿음을 갖기를 축원합니다.

의심하지 마세요! 의심하면 아무런 소용이 없습니다. 의심하면 절대로 기적이 안 일어납니다! 그냥 받은 줄로 믿으라고 말씀하신 것처럼 확신 가지시기를 축원합니다.

문제가 해결된 것을 그대로 믿고 문제가 해결되었다는 사실 앞에 실오라기만한 의심도 없기를 주의 이름으로 축원합니다. 이제 기적이 일어납니다! 믿음으로 문제가 해결되었음을 고백하십시오!

믿음의 고백은 돌아서서 가는 것입니다. 문제의 자리에서 떠나는 것입니다!

이 땅에 살아가는 수많은 사람들이 기적 보기를 원합니다.

기적은 멀리 있는 것이 아닙니다. 기적은 내 안에 있습니다. 내 안에 있는 믿음이 흔들리지 않을 때, 내 안에 있는 믿음이 날마다 고백될 때, 기적은 내 손에서, 기적은 내 삶에서, 기적은 여러분과 가장 가까운 곳에서 매일 일어난다는 사실을 믿으시기를 축원합니다.

여러분, 백부장이 믿고 갔는데 중간에 그 하인의 병이 나았다는 사실을 확인했을 때, 그 이후 백부장이 어떤 삶을 살았겠습니까? 예수님께 대한 믿음이 이전보다 10배, 20배, 100배, 1000배나 더했을 것입니다.

여러분, 우리도 기적을 받으면 그 다음에 더 큰 믿음이 생깁니다. 기적을 체험할 때, 더 큰 믿음이 생깁니다. 응답을 받아야 더 큰 믿음이 생깁니다. 오늘 여러분 모두가 기적을 받고 믿음의 능력을 체험하시기를 바랍니다.

오늘 이 시간이 여러분에게 더 많은 기적을 일으키는 분기점이 되기를 주의 이름으로 축원합니다. 믿음의 사람들이 되기를 축원합니다. 믿음의 능력이 나타나기를 축원합니다.

핵심적인 관점과 프레임이 하나의 관점으로 설교가 진행되도록 이끌어 준다.
 F1 - 사람에 대한 (백부장을 염두에 두고) 멘트
 F2 - "내 집에 오지 마소서"라는 핵심적인 관점으로 본문에서 문제 이끌어 내어 이것이 왜 문제가 되는가를 말했다.
 F3 - "내 집에 오지 마소서"라는 핵심적인 관점이 백부장의 믿음이라는 것을 드러내시려는 하나님의 목적을 찾아서 이 목적을 중심으로 해결을 주었다.
 F4 - "내 집에 오지 마소서"가 오늘 우리들의 문제임을 청중에

게 알게 하고 하나님의 목적을 중심으로 해결 방법을 제시
　　　했다.
　F5 - 하나님의 목적을 중심으로 결단을 이끌어서 이 시대의
　　　기적의주인공으로 살아가도록 신앙생활의 분명한 방향
　　　을 주었다.

2. 마가복음 6:45-52
핵심적인 관점: 힘겹게 노 젓는 것을 보시고

F1- 설교를 이끌기 위한 도입

　얼만 전 세계 도처에 볼라벤, 덴빈이라는 이름을 가진 태풍피해로 많은 사람들이 끔찍한 어려움을 당했습니다. 미국에서는 시속 100km가 넘는 허리케인 아이작이 동남부를 휩쓸고 지나갔습니다. 방송을 보신 분들이 있으시겠지만 자동차가 지붕 위로 날아갔고, 엄청난 크기의 가로수들이 뿌리째 뽑혀서 길거리에 누워 있었습니다. 이런 자연의 엄청난 위력 앞에서 때때로 우리는 한없이 무력함을 실감합니다.

　그리고 이런 질문들을 가져봅니다.

　과학의 힘이, 인간 지혜의 힘이 이 위협적인 자연 앞에서 도대체 무엇이란 말인가? 이런 자연의 위력을 근본적으로 막아낼 수

있는 방법은 없는 것인가?

최첨단 과학기술의 발전도 바람 앞에서는 아무것도 할 수 없다는 현실이 너무 절망적으로 느껴집니다.

F2- 설교를 이끄는 핵심관점

벳새다 들판에서 일어난 오병이어의 기적은 많은 사람들에게 예수님이 누구신가를 알게 하기에 충분했습니다.
그 자리에서 떡을 먹은 수천 명의 군중은 이 기회에 예수님을 자신들의 임금으로 삼아서 먹거리 걱정이 없는 현실을 만들어야 겠다고 생각하고 예수님을 향하여 달려들기 시작했습니다.

이 사실을 알고 계셨던 예수님은 제자들을 재촉하시며 군중을 떠나 그들이 쉽게 접근할 수 없는 바다로 나아가게 하셨습니다. 예수님의 재촉을 받은 제자들은 황급히 배를 띄워 건너편으로 출발했고 예수님은 산으로 이동하셔서 조용히 기도하셨습니다.
마침내 아우성치던 무리들도 모두 사라지고 제자들도 한숨을 돌리며 여유를 가질 때 주변도 저물어가고 있었습니다.

제자들을 태우고 가던 배가 바다 가운데 이를 즈음, 갑자기 바람이 일어나기 시작하더니 짧은 시간에 제자들이 어찌 할 수 없을 만큼 힘겨운 상황으로 변해버렸습니다. 이미 주변에는 어둠이 내렸고 도움을 청할 만한 곳도 없는 곳에서 제자들은 목숨의 위협을 느끼며 어찌할 바를 몰라 안타까워하고 있었습니다.

얼마나 무섭고 두려웠겠습니까?

자신들이 원해서 온 길도 아니고, 예수님께 억지로 떠밀리다시피 몰려서 타고 온 배에서 이런 일을 만나다니… 원망과 불평이 안 나오면 이상하겠지요. 저물어가는 초저녁부터 밤 사경까지, 적어도 열 시간이 넘는 시간을 바람과 사투를 벌였던 제자들의 현장은 공포와 두려움으로 가득했습니다.

그런데 본문을 자세히 보시면 이상한 부분이 나옵니다.
48절 "바람이 거스르므로 제자들이 힘겹게 노 젓는 것을 보시고"

처음부터 제자들이 겪고 있던 힘겨운 현장을 예수님이 전부 알고도 보고만 계셨던 것입니다.
이런 상황을 그냥 보고 계실 뿐 아무런 조치도 하지 않으셨다니 말이 됩니까?
누구보다 가장 먼저 달려가서 도와주어야 할 예수님께서 그냥 보고만 계셨다니 너무도 어이없는 일입니다.
무엇 때문에 공포에 사로잡혀 생명의 위협을 이겨내려는 제자들의 처절한 몸부림을 예수님은 그냥 보고만 계셨을까요? 제자들 대부분이 어부들이라서 이런 상황쯤이야 능히 이겨내리라고 믿고 지켜보신 것일까요?
아니면 깊은 밤바다 한가운데서 제자들에게 특별한 훈련이라도 시키시려는 것입니까? 이러다 바람과 파도를 이겨내지 못하고 배가 좌초되어 극단적인 상황이라도 생긴다면 그 책임은 누구에게 물어야 되는 것인가요?

시간이 지난 후에 제자들이 이 사실을 알게 된다면 너무도 큰 실망을 할 것입니다.

다른 분도 아니고 자신들의 스승이신 예수님이 자신들을 죽음의 위기에서 건져내려 하지 않으시고 그냥 지켜만 보셨다는 것을 안다면 그동안 쌓았던 예수님에 대한 모든 기대가 한꺼번에 무너져 내릴 것입니다. 예수님에 대한 나쁜 소문들도 빠르게 퍼져나갈 것입니다. 자신의 제자들을 죽음의 위기에 몰아넣고 수수방관한 행동에 모든 사람들은 예수님을 비난하고 대적할 것입니다.

그런데 48절에 보면 이해할 수 없는 일은 또 생겨났습니다.

"밤 사경에 바다 위로 걸어서 그들에게 오사 지나가려고 하시매"

저물 때부터 지켜보시던 예수님이 밤 사경에 이르러서야 제자들의 힘겨운 현장에 오신 것을 말씀하고 있습니다. 예수님께서 저물 때부터 밤 사경에 이르도록 열 시간이 넘도록 지켜보시다가 오셨다는 것입니다. 그런데 또

"그들에게 오사 지나가려고 하시매"

4장_ 보여주는 설교(핵심관점과 프레임을 중심으로) •75

지금껏 지켜보시다가 사경에 이르러서 물 위로 걸어오신 예수님이 이번에는 그냥 지나가려고 하셨다는 것입니다. 지금껏 지켜보시다가 물 위를 걸어서 제자들의 현장에 오신 예수님이 왜 또 그냥 지나치려 하신 것일까요?

정말로 이해할 수 없는 예수님의 행동이 거듭되고 있습니다.

F3- 하나님의 목적을 중심으로 해결

예수님은 모든 문제의 해결자이십니다. 예수님이 함께 하시면 언제, 어디서, 어떤 문제가 일어난다 해도 걱정할 것이 없습니다. 제자들을 살려낼 수 있는 해결의 열쇠를 쥐고 계신 예수님이 이런 행동을 하실 때는 이유가 있습니다.

본문에 그 답이 있습니다.

52절 "이는 그들이 그 떡 떼시던 일을 깨닫지 못하고 도리어 그 마음이 둔하여졌음이러라"

"제자들의 마음이 둔하여졌다" 함은 제자들의 신앙에 문제가 생겼다는 것을 의미합니다. 제자들은 불과 몇 시간 전에 오병이어의 기적을 체험했습니다. 예수님이 어떤 분이신가를 체험한 것입니다.
그런데 바람 때문에 두려움에 사로잡혀 예수님을 잊어버린 것입니다. 언제 어디서나 함께하시며 무슨 일이든지 해결하시는 예수님을 잊어버린 것입니다.

"설마 이 시간에 여길 어떻게 예수님이 오실 수 있는가!"

그러니 예수님에 대한 생각조차 못한 것입니다. 예수님을 잊고 놓쳐버린 것입니다.

처음부터 지켜보심은 제자들이 예수님을 찾고, 예수님이 오시면 된다는 것을 깨닫고 예수님을 부르는 소리를 기다리고 계신 것입니다. 밤 사경에 이르도록 기다리셨지만 제자들이 예수님을 찾지 않자 예수님이 물 위를 걸어서 그들 곁을 그냥 지나시면서 자신을 보여주며 예수님을 찾으라 하신 것입니다.

하지만 그들은 예수님을 끝까지 알아보지 못하고 유령으로 여기는 어리석은 신앙의 상태가 된 것입니다. 제자들이 철저하게 예수님을 놓치고 있음을 지적하고 있습니다.

(1) "힘겨운 시간" - 자신들의 노력과 방법을 놓지 않았던 시간
(2) "밤 사경에" - 더 이상 지체 할 수 없는 시간
(3) "물 위를 걸어오사" - 예수님이 어떤 분이신가를 보여주신 시간
(4) "유령인가 하여" - 제자들의 신앙의 현실을 알려주는 소리
(5) "바람이 그치는지라" - 예수님만이 해결자

예수님은 언제, 어디서나 우리를 도우시는 분입니다. 24시간 한 순간도 예수님을 잊어버리면 안 됩니다.

F4- 관점으로 청중적용

성도 여러분!
문제는 항상 있습니다!

문제보다 더 심각한 것은 해결의 시간이 지연되고 길어지는 것입니다.

1) 지금 힘겹게 노 젓는 시간이 계속되고 있지는 않습니까?

문제에 파묻혀서 아무것도 돌아볼 여유 없이 문제 중심의 사고와 행동만을 반복하며 살아가는 것이 우리의 현실입니다. 때로는 자신의 힘으로 해결할 수 있다는 자만과 의욕으로 주변을 무시하며 생고생을 사서 하는 사람들이 너무도 많습니다. 믿는 자의 모습은 어디로 가버리고 경험과 방법만을 붙들고 처절하게 싸우며 살아가기에 끝이 보이지 않습니다.

자신을 돌아보십시오!

해결된 것처럼 보였던 문제들이 또다시 반복되며 우리를 떠나지 않기에 삶이 지치고 힘이 들어 죽을 지경이 아닙니까? 매일매일 문제 속에 파묻혀서 아무것도 할 수 없는 불행한 생활에서 이제는 벗어날 때가 되었습니다.
하루 이틀도 아니고 계속 이렇게 살 수는 없습니다!

근본적인 해결이 필요합니다!

2) 해결의 열쇠는 예수님입니다. 예수님만 오시면 됩니다.

문제보다 더 큰 불행은 해결의 열쇠이신 예수님을 놓치고, 예수님을 잊은 채 살고 있는 것입니다. 지금 자신의 신앙을 점검해 보세요! 이제는 문제 중심의 삶에서 벗어나야 합니다!

길은 오직 한 분 예수님을 해결자로 믿고 문제의 현장으로 예수님을 초대하십시오!
믿음으로 예수님을 붙들고 예수님 중심의 삶을 다시 시작해야 합니다. 그렇지 않으면 근본적인 해결은 없습니다.

지금 예수님을 붙잡으십시오! 바로 이 시간! 이 자리에서 예수님을 붙잡고 문제의 현장으로 가면 모든 것이 해결됨을 믿으십시오!

이 시간 예수님을 부르세요!

문제의 장소, 두려움의 장소에서 예수님을 부르면 우리의 목소리를 애타게 기다리시던 예수님이 물 위로 걸어 내게로 오십니다. 지금 예수님은 내가 부르면 달려오려고 기다리고 계십니다!

믿음은 내 생각을 버리고 예수님을 붙드는 것입니다.

F5- 관점으로 청중결단

　예수님을 부르는 장소, 예수님이 달려오시는 장소가 교회입니다. 예수님은 교회에서 당신을 부를 때 가장 기뻐하십니다.
　그래서 자신의 몸을 드려서 우리가 예수님을 마음껏 부를 수 있도록 교회를 세우신 것입니다. 그리고 예수님은 24시간 이곳을 보고 계십니다. 교회에서 예수님을 부르면 예수님은 이곳에서부터 문제의 장소로 가십니다.
　문제가 생기면 교회부터 멀리하는 것은 풍랑 속으로 빠져드는 것입니다. 문제가 생기면 가장 먼저 교회로 달려와야 합니다. 새벽이든, 아침이든, 저녁이든 상관없습니다.
　예수님은 24시간 우리가 이곳에 와서 예수님 부르기를 기다리고 계십니다. 지금 여기에 오신 여러분은 예수님께서 주목하시는 분들입니다. 지금 우리가 예수님을 부르면, 오셔서 내 문제를 해결해 주시려고 여러분을 보고 계시기 때문입니다.

　지금 다같이 큰소리로 예수님을 부릅시다!
　내 문제의 현장으로, 여기서 예수님이 함께 가시도록 힘써서 소리 높여 예수님을 부르시길 바랍니다. 통성으로 예수님을 부릅시다!

　예수님이 오시면 바람도, 파도도 해결됩니다.
　불가능의 현실이 해결된 현실로 바꾸어집니다.
　더 큰 기적의 삶으로 나아가게 됩니다.
　기적의 주인공으로 살게 됩니다.

3. 누가복음 2:1-12
핵심관점: 두려워하지 말라

예수님이 머무시는 곳은 언제 어디나 인산인해를 이루었습니다.

"수만 명의 무리가 모여서 서로 밟힐 만큼 되었다"고 합니다.

이 많은 사람들은 예수님의 교훈과 치유를 갈망하는 자들입니다. 이들 중에는 바리새인들의 숫자도 상당했던 것 같습니다. 본문에서 예수님의 교훈의 초점이 이들을 향하고 있습니다.

1절에 "바리새인의 누룩 곧 외식을 주의하라"는 당부가 있습니다.
당시 많은 사람들은 바리새인의 행동에 대하여 경계심이 많이 없었던 것 같습니다. 예수님께서 "주의하라"는 말씀으로 그들을 경계하고 계시기 때문입니다.

4절에서는 "내가 내 친구 너희에게 말하노니 몸을 죽이고 그 후에는 능히 더 못하는 자들을 두려워하지 말라"고 하십니다.

이 말씀은 사람을 죽음에 이르기까지 위협하는 자들이 있다는 말이 아닙니까?
거듭하여 예수님이 두려워하지 말 것을 이야기하신 것을 보면 이들로 인한 두려움의 문제가 아주 심각한 것 같습니다.

F2- 설교를 이끄는 핵심관점

누구를 두려워하지 말라는 것입니까?
왜 그들을 두려워하지 말라는 것이지요?
그들이 무슨 짓을 했기에 그들을 두려워하고 있단 말입니까?

예수님께서 두려워하지 말라는 자들은 바리새인을 포함한 세상 권세자들입니다. 이들은 하나님을 섬긴다는 이름만을 가졌을 뿐, 하나님과 관계없이 자신들만의 규칙을 정해놓고 그 규칙대로 따르지 않는 자를 잡아다가 가두거나 심지어는 돌로 쳐서 죽음에 이르게 하는 자들이기 때문입니다.

예수님이 경계를 강조하신 것은 이들의 핍박대상이 예수님을 포함한 제자들, 그리고 주님을 따르는 모든 자들임을 아시기 때문입니다. 그렇다면 그들을 피하고 부딪치지 말아야 하는 것이 아닙니까?

예수님께서 두려워하지 말라고 하신 말씀은 그들을 피하라는 뜻이 아니라 적극적으로 싸우라는 의미인데… 그럼 결과가 너무 비참하지 않을까요?

F3- 하나님의 목적을 중심으로 해결

맞습니다! 예수님도 그 결과에 대하여 알고 계십니다. 그래서 더욱 두려워하지 말라고 하신 것입니다. 예수님은 바리새인들의 숨겨진 모습을 알고 계셨습니다.

2절 "감추어진 것이 드러나지 않을 것이 없고 숨긴 것이 알려지지 않을 것이 없나니"

그들의 진짜 모습은 감추어져 있고 숨겨져 있어서 그들의 외식적인 모습을 사람들은 모르지만 곧 예수님께서 드러내어 보여주신다는 것입니다.

그러므로 그들은 두려움의 대상이 아니므로 그들을 두려워함으로 외식적인 신앙에 빠지지 말고 하나님을 두려워함으로 믿음을 굳게 지키라는 말씀입니다.

우리가 두려워해야 할 신앙의 대상은 오직 한 분 하나님이십니다.

5절 "두려워할 자를 내가 너희에게 보이리니"

이는 하나님 외에는 그 누구도 두려움의 대상이 될 수 없음을 강조하신 것입니다.

1) 그분은 그들(바리새인과 세상 권세자)을 지옥의 권세에 던져 넣을 자이십니다.

5절 "마땅히 두려워할 자를 내가 너희에게 보이리니 곧 죽인 후에 또한 지옥에 던져 넣는 권세 있는 그를 두려워하라. 내가 참으로 너희에게 이르노니 그를 두려워하라"

2) 하나님은 우리에게 이루어지는 모든 것을 하나도 잊지

않고 기억하십니다.

하나님 앞에서는 그 하나도 잊어버리시는 바 없으십니다.

6절 "참새 다섯 마리가 두 앗사리온에 팔리는 것이 아니냐 그러나 하나님 앞에는 그 하나도 잊어버리시는 바 되지 아니하는도다."

3) 하나님은 우리가 두려움을 이기도록 세밀하게 돌보십니다.

7절 "너희에게는 심지어 머리털까지도 다 세신 바 되었나니 두려워하지 말라. 너희는 참새보다 귀하니라."

4) 사람을 두려워함으로 하나님을 부인하면 심판이 있습니다.

9절 "사람 앞에서 나를 부인하는 자는 하나님의 사자들 앞에서 부인을 당하리라"

5) 하나님과 하나님의 일을 대적하는 자들은 반드시 망하게 됩니다.

10절 "성령을 모독하는 자는 사하심을 받지 못하리라"

6) 두려워하지 않는 자들은 언제 어디서나 하나님이 도우십니다.

11-12절 "무엇으로 말할까 염려하지 말라 마땅히 할 말을 성령이 곧 그때에 너희에게 가르치시리라"

하나님은 우리들이 두려워할 자를 두려워함으로 모든 두려움을 이겨내길 원하십니다.

F4- 관점으로 청중적용

사랑하는 여러분!

1) 지금 나를 두렵게 하는 것이 무엇입니까?

무엇이 나로 제대로 신앙하지 못하도록 발목을 붙들고 있습니까? 두려움이란 잠깐 머물다 가는 것이 아닙니다! 두려움의 문제를 근본적으로 뿌리 뽑지 않으면 계속해서 나를 쓰러뜨리고 결국은 두려움이 나를 패배자로 전락시킬 것입니다.

두려움은 여러 가지 가면을 쓰고 우리를 찾아옵니다. 염려, 근심, 불안, 의심, 등등…. 지금 내 안에 두려움의 그림자는 없는지 철저하게 자신을 살펴서 몰아내야만 합니다. 두려움의 세력을 감추어둔 신앙생활은 내용이 비어버린 껍데기뿐인 모습과 같습니다.

당연히 신앙생활이 힘들고 고단할 수밖에 없습니다. 내가 세상 것을 두려워함으로 하나님을 뒤로 하면 하나님도 나를 그렇게 하실 것이라고 말씀하셨음을 명심해야 합니다!

2) 두려움을 이겨냅시다!

믿음으로 두려워할 자를 두려워하면 세상적인 두려움은 사라집니다. 하나님에 대한 두려움은 무서움의 두려움이 아니라 경건한 두려움, 하나님의 살아계심과 그분이 언제 어디서나 함께

함을 믿고 그분을 의식하며 살아가는 것입니다.
이 믿음으로 세상적인 두려움을 이길 수 있습니다.

그분이 세상에서 나를 가장 귀하게 여기심을 잊지 마십시오!

7절 "너희에게는 심지어 머리털까지도 세신 바 되었나니 두려워하지 말라. 너희는 많은 참새보다 귀하니라"

입술의 권세를 사용하십시오!

두려움의 세력 앞에서 나의 신앙을 입으로 고백하면 두려움을 이기게 하시는 능력이 나를 붙들어 주십니다! 두려움의 세력을 믿음의 입술로 쫓아내십시오! 예수님의 이름으로 두려움의 대상을 쫓아낼 때 더 이상 두려움은 나를 사로잡을 수 없습니다.

F5- 관점으로 청중결단

나를 감싸고 있는 외식의 포장지를 뜯어냅시다!
사람 의식하는 태도를 적극적으로 버리십시오! 이것이 외식입니다. 하나님보다 사람의 눈을 더 의식하여 신앙인의 모습을 저버리는 일이 종종 있습니다. 이것이 한 번 두 번 쌓이면 마치 누룩과 같이 눈 깜박할 사이에 내 신앙과 삶을 점령해 버립니다. 외식하는 모습을 철저하게 찾아내서 버립시다! 외식의 포장지 안에는 두려움도 숨겨져 있습니다!

사람을 의식하는 포장지를 뜯어내려면,

(1) 사람들이 안 보는 데서 신앙인의 모습을 더 잘 지켜야 합니다.
신앙생활은 습관입니다. 평소 신앙의 좋은 습관이 외식을 멀리하게 합니다.
(2) 평소에 작은 것부터 신앙인의 모습을 보여주어야 합니다. (예를 들어서 사람들이 보는 데서 식사기도를 하는 것)
(3) 나를 주관하시는 분이 하나님이심을 믿고 의지하십시오!
사람이 내 인생을 어찌 할 수 없음을 명심해야 합니다.
사람이 나를 성공하게 하는 것이 아닙니다. 내 성공열쇠는 하나님이 가지셨습니다.

두려움이 사라져야 행복한 삶이 찾아옵니다.
오늘 이 외식의 포장지를 뜯어내고 두려움을 정복하고 가시길 축복합니다.

4. 민수기 6:22-27
핵심관점: 축복하라

민수기는 하나님의 약속을 담고 있는 책입니다.

모세를 중심으로 세워진 제사장들을 통하여 이스라엘 백성들에게 앞으로 주어질 세계에 대한 하나님의 약속을 담은 내용들이 36장에 걸쳐 기록되어 있습니다.

본문은 하나님께서 모세에게 말씀하신 내용 중 복을 주시려는 하나님의 심정을 보여주신 것입니다.

23절에 "아론과 그의 아들들에게 말하여 이르시기를 너희는 이스라엘 자손을 위하여 이렇게 축복하라" 하셨습니다.

F2- 설교를 이끄는 핵심관점

오늘 본문에서 우리가 보는 것은, 하나님께서 직접 축복을 선포하신 것이 아니라 하나님께서 이렇게 이렇게 축복하라고 제사장에게 명령하셨다는 사실입니다.

신기하고 놀라운 일이 아닐 수 없습니다. "아론과 그의 아들들"은 제사장들입니다. 하나님께서 따로 구별하여 세우신 직분의 사람들입니다. 이들에게 광야를 지나는 이스라엘 자손들을 한 사람 한 사람 축복하라는 명령은 깜짝 놀랄만한 일이 아닐 수 없습니다.

이 명령을 받은 아론과 그의 아들들은 어떤 반응을 보였을까요?

자신들이 축복을 베푸는 사람들이라는 사실을 알았을 때 무슨 생각을 했을까요?

자신들을 축복하기 위하여 아론과 그의 아들들이 자신들을 향하여 나아온다는 소식을 들은 백성들은 이 사실을 어떻게 받아들였을까요?

하나님께서 선포하라는 축복은 무엇입니까?
"이렇게 축복하라"= 하나님께서 주시려는 복의 내용이 있습니다.

1) 하나님은 나에게 복 주시기를 원하신다.
여호와 외에는 복을 주는 자가 없음을 알 때 진정한 복은 시작됩니다.

2) 하나님은 나의 보호자가 되신다.
내 곁에 언제나 하나님이 계심을 알고 두려워하지 않는 것이 복입니다.

3) 하나님은 나를 형통하게 하신다.
여기서 은혜란, 내가 할 수 없는 모든 것을 할 수 있도록 도우심을 의미합니다. 모든 일에 그분의 손길이 함께 하심이 형통입니다.

4) 하나님은 나를 행복하게 하신다.
하나님은 언제나 나를 바라보시며 내가 기쁨과 즐거움으로 살아갈 수 있도록 근심과 걱정거리들을 물리쳐 주십니다. 우리에겐 이런 복이 절실히 필요합니다.

27절 "그들은 이같이 내 이름으로 이스라엘 자손에게 축복할지니 내가 그들에게 복을 주리라" 하셨습니다.

이 명령대로 축복하면 반드시 복을 내리신다는 약속입니다.

사실 이스라엘 백성들이 이런 복을 받을 만한 자격이 되는지 따져보아야 합니다.

그들에게는 늘 원망과 불평이 사라지지 않았으며 하나님을 향한 불신앙으로 하나님을 대적한 적이 한두 번이 아닙니다. 이런 사실을 너무도 잘 아시는 하나님께서 갑자기 이런 복을 내리시려는 이유는 무엇일까요?

F3- 하나님의 목적을 중심으로 해결

한 마디로 하나님은 당신의 자녀 된 이스라엘 백성들을 너무도 사랑하심을 보여주고 계십니다. 사랑은 조건이 아니라 무조건입니다. 조건을 따라서 사랑하는 것은 사랑이 아니라 이익을 바라는 상술입니다.

사랑은 관계입니다. 하나님은 이들의 아버지가 되시며 이스라엘은 하나님의 자녀이기 때문에, 이 관계는 조건이 있을 수 없음을 보여주고 계십니다.

1) 그래서 하나님은 어떤 이유도 조건도 말씀하지 않으시고 무조건 "내 이름으로 축복하라"고 하신 것입니다.
2) 아론과 그의 아들들이 하나님의 심정으로 축복하면 그 복을 하나님께서 보장하시겠다고 하셨습니다.
3) 오늘도 하나님은 이 복을 우리에게 주심으로 자녀 된 우리가 복된 삶을 누리길 원하십니다.

F4- 관점으로 청중적용

사랑하는 여러분!

1) 내가 복을 받는 것이 나를 향하신 하나님의 심정입니다.

하나님의 자녀로 살면서 축복을 잃어버리고 사는 것이 얼마나 큰 불행인가를 알아야 합니다. 내가 축복의 사람으로 사는 것이 중요합니다. 하나님은 "네게"라는 말을 자주 하셨습니다. 바로 "나를" 지적하시며 하신 말씀입니다.

복을 잃어버린 신앙생활은 너무도 힘들고 지칩니다. 자신과 주변을 너무도 힘들게 합니다. 시험과 유혹에 자주 넘어집니다.

그렇다면 "나는 축복의 사람"입니까?

무엇이 나를 축복의 사람의 길에서 벗어나게 합니까?
축복을 받아야 합니다! 이것이 나를 향하신 하나님의 사랑입니다.

나에게 무조건적인 사랑으로 복을 주시려는 하나님의 심정을 잊고 살아가지는 않습니까? 오늘 그분의 사랑의 음성을 듣고 다시 회복하십시오!

2) 축복은 관계입니다.

하나님은 나를 자녀로 인정하시고 사랑으로 축복을 명하셨습니다. 나도 그분을 아버지처럼 사랑해야 합니다. 하나님을 사랑하는 것이 축복으로 가는 지름길입니다. 지금 하나님을 향한 나의 사랑을 확인해 보십시오!

하나님은 아론과 그의 아들들에게 축복을 명하셨음을 놓치지 말아야 합니다. 백성들이 자신들을 돌보고 복을 비는 제사장들과의 관계를 중요시하라는 의미입니다.
지금 내게 축복을 명하는 직분의 사람들이 있습니다.
목사님들입니다. 이분들과의 관계를 소홀히 하지 마십시오!

불편한 관계가 되면 축복을 선포할 수 없습니다!
마음껏 복을 빌게 하십시오!

여러분 모두는 축복의 대상입니다.

하나님은 나를 축복하시려고 당신의 집에 두신 것입니다.
하나님의 집에서 하나님의 복은 시작되고 지속됩니다.

F5- 관점으로 청중결단

이렇게 축복하라 하셨으니, 예수님의 이름으로 내 자녀를 축복합시다!

사랑으로 자녀들을 품고 예수님의 이름으로 복을 빌 때 하나님은 반드시 복을 내리십니다!

(1) 자녀들을 안거나 머리에 손을 얹고 부모들이 예수님의 이름으로 축복합시다! 축복하는 대로 복을 내리십니다.
(2) 부모들의 욕심을 버리고 하나님의 심정으로 축복해야 합니다.
(3) 새 학기를 시작하거나 시험기간, 아이들이 힘들고 지칠 때 부모들이 축복을 빌면 하나님께서 자녀들을 일으켜주십니다.
(4) 부모들이 자녀들을 축복하는 시간을 통하여 부모와 자녀 간의 불편한 관계도 회복시켜 주십니다.

부모의 축복을 받고 자란 자녀들은 절대로 어긋나지 않습니다. 큰 복의 사람들이 됩니다!

설교자들이 말라기서는 십일조라는 편협적인 생각을 가지게 된 것은 말라기서 1장에서 4장까지를 하나로 보는 관점을 놓치고 있기 때문입니다.

5장

말라기서 전체를 꿰뚫는 관점 중심 설교

 말라기서를 통하여 하나님은 여호와를 경외하지 않고 그 이름을 존중히 여기지 않는 자들을 고발하고 계신 것입니다. 이것이 말라기서 전체의 핵심 관점입니다

"말라기서는 십일조, 십일조는 곧 말라기서"라는 공식이 어느 때부터인가 설교자와 성도 사이에 굳어진 고정관념입니다. 하지만 말라기서에서 십일조만 설교하기에는 너무도 귀한 하나님의 보배들이 많이 숨겨져 있습니다.

설교자들이 말라기서는 십일조라는 편협적인 생각을 가지게 된 것은 말라기서 1장에서 4장까지를 하나로 보는 관점을 놓치고 있기 때문입니다.

말라기서는 한 권의 책입니다. 말라기서 전체를 통하여 주시려는 메시지의 핵심이 하나입니다. 그러므로 말라기서를 설교하기 위해서는 말라기서 전체의 핵심적인 관점을 찾아내야 하고 그 핵심 관점을 중심으로 각 장의 설교를 진행해야 합니다.

말라기서의 핵심 관점

목사님! 지금 말라기서를 펴시고 말라기서 전체가 하나의 관점으로 기록되었다는 생각을 가지고 읽어보시기 바랍니다. 그리고 그 핵심 관점을 중심으로 말라기서 전체를 구분하시면 됩니다.

그 핵심 관점은 각 본문의 문제를 해결하는 열쇠가 될 것입니다. 몇 장 몇 절을 핵심 관점으로 찾으셨나요?

말라기서의 핵심 관점은 말 3:16-18입니다.

"여호와를 경외하는 자와 그 이름을 존중히 여기는 자들을 위하여 여호와 앞에 있는 기념 책에 기록하였느니라"

말라기서를 통하여 하나님은 여호와를 경외하지 않고 그 이름을 존중히 여기지 않는 자들을 고발하고 계신 것입니다. 이것이 말라기서 전체의 핵심 관점입니다. 어떻게 여호와의 이름을 존중히 여기지 않았는가, 여호와를 존중히 여기지 않은 그들의 실상과 여호와를 존중히 여긴 자에게 주신 복을 8편으로 설교하였습니다.

앞으로 보게 될 말라기서 설교는 이렇게 구성되어 있습니다.
본문의 핵심 관점 제시
제시된 관점에 대한 구체적인(보충) 설명
하나님의 목적을 중심으로 해결 목적을 중심으로 현 청중적용과 결단을 이끌어 내기.
이번 말라기서는 설교의 내용을 화려하게 꾸미기보다는 각 프레임의 기능에 따라서 한 편 한 편의 설교가 어떻게 핵심 관점을 보여주는지에 중점을 두었음을 강조하고 싶습니다.

1. 내 이름을 존중히 여기라!(말 1:6-2:9)
* 내 이름을 멸시하는 자

포로에서 귀환하여 학개와 스가랴의 지도로 성전은 재건하였으나 수십 년이 지나도 택한 백성에게 임하리라는 영광은 나타나지 않고 고달픈 생활만이 계속되었습니다. 시간이 지나면서 백성들의 신앙은 변질되어가기 시작했습니다. 의심과 회의에 빠지게 되었고 하나님과는 멀어져갔습니다. 이런 상황에서 말라기는 고난의 원인이 무엇인가를 밝히며 신앙의 본질을 회복하려는 메시지를 들고 백성들 앞에 섰습니다.

앞으로 몇 주간 동안 말라기서를 통하여 우리가 잃어버린 신앙의 본질이 무엇인가를 깨닫고 회복하는 시간을 가지려고 합니다.

F2 - 설교를 이끄는 핵심 관점

1:6절 "내 이름을 멸시하는 제사장들아"라고 합니다.
제사장이 누구입니까? 하나님을 가장 가까이서 섬기는 자들이 아닙니까?
이런 제사장들을 향하여 내 이름, 하나님의 이름을 멸시했다고 하다니 이런 말도 안 되는 소리가 어디 있습니까? 지금 무엇을 잘못 알고 하는 소리는 아닐까요? 다른 사람도 아니고 어찌 제사장들이 하나님의 이름을 멸시할 수 있단 말입니까?
도대체 제사장들이 어떻게 하나님의 이름을 멸시했다는 것입니까? 그런데, 이들이 하나님을 멸시한 내용이 고스란히 기록되어 있습니다.

1) 이들은 더러운 떡을 드리고도 뻔뻔했습니다.

1:7절 "너희가 더러운 떡을 나의 제단에 드리고도"

여기서 더러운 떡이란, 상하여 먹을 수 없는 상태의 떡을 의미합니다. 사람도 먹을 수 없는 떡을 하나님께 드렸다니 이는 하나님을 멸시한 것입니다.

2) 자격 미달의 제물을 드리고도 모르는 척 눈을 감았습니다.

1:8절 "눈먼 희생제물을 바치는 것이 어찌 악하지 아니하며 저는 것, 병든 것을 드리는 것이 어찌 악하지 아니하냐 그것을 너희 총독에게 드려보라 그가 너를 기뻐하겠으며 너를 받아 주겠느냐"

사람이 받아도 화를 낼 수밖에 없는 불량한 제물들을 하나님께 드림으로 하나님을 노골적으로 무시하고 경멸했습니다. 이들이 더 악한 것은 자신의 눈으로 불량품인 것을 확인했으면서도 모르는 척 그냥 드렸다는 사실입니다.

3) 외식적인 행동을 하면서도 양심의 가책을 느끼지 못했습니다.

1:9절 "너희는 나 하나님께 은혜를 구하면서 우리를 불쌍히 여기소서 하여 보라 너희가 이같이 행하였으니 내가 너희 중 하나인들 받겠느냐"

이들은 입으로는 하나님의 은혜가 필요한 척하면서도 행동으로는 하나님을 멸시하는 태도를 멈추지 않았습니다. 이런 이들의 외식과 가식적인 행동들은 하나님을 더욱 진노하게 했습니다.

4) 하나님을 업신여기며 제물로 조롱했습니다.

1:12절 "너희는 말하기를 여호와의 식탁은 더러워졌고 그 위에 있는 과일 곧 먹을 것은 경멸히 여길 것이라 하여 내 이름을 더럽히는도다"

이들은 하나님께 드려진 제물에 대하여 대수롭지 않게 여겼습니다. 오히려 못 먹을 것을 드려서 여호와의 식탁을 더럽혔습니다. 그러고도 더러운 제물에 더 이상 신경 쓰지 말라고 함으로 제물을 받으시는 하나님을 조롱하고 비웃었습니다.

5) 심지어 이들은 제사 드리는 것을 귀찮게 여기고 짜증을 냈습니다.

1:13절 "만군의 여호와가 이르노라 너희가 또 말하기를 이 일이 얼마나 번거로운고 하여 코웃음치고 훔친 물건과 저는 것, 병든 것을 가져왔느니라 너희가 이같이 봉헌물을 가져오니 내가 그것을 너희 손에서 받겠느냐 이는 여호와의 말이니라"

제물 드리는 일을 귀찮고 번거롭게 여기고, 심지어 길에서 줍거나 훔쳐서 드리고 자기들끼리 코웃음치며 하나님을 멸시하는 말과 행동을 멈추지 않았습니다.

이건 해도 너무 한 것이 아닙니까? 어찌 제사장이, 하나님이 주신 옷을 입고, 하나님이 주신 음식을 먹으며, 입만 열면 하나님을 말하는 자들이 이럴 수가 있단 말입니까? 사람이 생각해도 기막힐 일인데 살아계신 하나님의 심정은 어떠셨겠습니까?

하나님께서 얼마나 기가 막히셨으면 "나 여호와가 나 여호와가…" 하며 자신의 이름으로 탄식하셨겠습니까!

F3 - 하나님의 목적을 중심으로 해결

하나님께서는 자신의 이름을 멸시하고 더럽힌 자에게 반드시 심판과 저주가 있음을 말씀하십니다. 이는 하나님께서 살아계심을 알리시는 것이며, 그분을 멸시하는 자들에 대하여 경고하심으로 다시는 하나님을 멸시하는 일이 반복되지 않게 하시려는 것입니다.

하나님께서 아주 단단히 화가 나셨습니다! 그분의 진노의 음성을 들어보십시오!

1) 하나님을 기만한 자는 저주를 받습니다.

1:14절 "짐승 가운데 수컷이 있거늘 그 서원하는 일에 흠 있는 것으로 속여 내게 드리는 자는 저주를 받으리니 나는 큰 임금이요 내 이름은 이방 민족 중에 두려워하는 것이 됨이니라 만군의 여호와의 말이니라"

제물로 하나님을 속이고 경멸하며 노골적으로 멸시한 자에게는 반드시 저주를 내리십니다. 이를 통하여 모든 자들은 하나님을 두려워해야 합니다.

2) 이미 주어진 복도 저주로 바꾸셨습니다.

2:2절 "내 이름을 영화롭게 하지 아니하면 내가 너희에게 저주를 내려 너희의 복을 저주하리라 내가 이미 저주하였나니 이는 너희가 그것을 마음에 두지 아니하였음이라"

하나님을 멸시하고 비웃은 결과가 얼마나 무서운 것인가를 알게 하십니다. 이미 누리고 있는 복도 저주로 바꾸실 만큼 단단히 화가 나신 것입니다.

3) 하나님을 멸시한 대가는 그 자손에게까지 영향을 줍니다.

2:3절 "보라 내가 너희 자손을 꾸짖을 것이요 똥 곧 너희 절기 희생의 똥을 너희 얼굴에 바를 것이라 너희가 그것들과 함께 제하여 버림을 당하리라"

하나님을 멸시한 자의 자손에게 모욕과 멸시가 계속될 것을, 대대로 하나님의 진노가 멈추지 않을 것을 강조하셨습니다.

2:9절 "나도 너희로 하여금 모든 백성 앞에서 멸시와 천대를 당하게 하였느니라"

하나님께서 당하신 대로 갚아 주신다는 말씀으로 절대로 그들을 그냥 두지 않으실 것을 경고하셨습니다.

이런 하나님의 진노를 막을 자가 누가 있겠습니까?

F4 – 관점으로 청중적용

사랑하는 성도 여러분!

만일 이러한 진노와 저주가 오늘 우리에게도 임한다면 어떻게 될까요?

생각만으로도 끔찍한 일이 아닐 수 없습니다. 그렇다면! 오늘 우리도 우리의 모습을 살펴야 합니다. 여러분은 얼마나 하나님의 이름을 존중하고 있습니까?

1) 이런 삶은 하나님의 이름을 멸시하는 태도입니다.
* 형식적인 신앙
* 마지못해서 흉내는 내지만 마음은 하나님에게서 떠난 자
* 하나님께서 원하시는 일에 이러쿵저러쿵 불평과 불만을 늘어놓는 자
* 하나님이 하시는 일을 우습게 여기고 비웃고 업신여기는 자
* 하나님의 살아계심을 무시하고 제멋대로 행동하는 자

2) 하나님의 이름을 멸시하는 일이 제물을 드리는 일과 제사를 드리는 자, 곧 제사장에게서 일어났다는 것은 예배가 무너졌다는 것을 의미합니다.

예배는 하나님의 이름을 존중히 여기는 가장 귀한 시간입니다.

예배가 무너지는 것은 하나님의 이름이 멸시와 조롱당하는 일입니다.

우리가 무너진 예배를 다시 세울 때 저주는 물리치시고 복을 주십니다.

* 지금 나는 어떤 예배자입니까?

예배에 대한 잘못된 생각과 태도는 하나님을 멸시하는 것입니다. 하나님을 멸시하는 태도와 생각을 버리십시오!

내가 예배를 드리고 안 드리고의 결정을 하는 것이 아닙니다.
내 기분과 감정에 따라서 예배의 태도가 달라지면 안 됩니다.

* 특별히 예배를 통하여 드리는 헌금에 대하여 잘못된 생각을 버리십시오!

내 것을 내 마음대로 드린다는 태도가 하나님을 멸시하는 것입니다. 형식적으로 마지못해서 드리는 예물은 하나님을 불편하게 하는 것입니다.

하나님께 드린다는 것을 잊지 마십시오!

하나님은 예물을 준비하고 드려지는 모든 과정을 살펴보십니다.

* 무너진 예배를 회복시키시려고 예수님이 제물이 되셨습니다.

더럽혀진 성전을 채찍으로 청소하셨던 주님의 모습이 예배를 회복시키는 유일한 방법입니다.

F5 - 관점으로 청중결단

올바른 예배가 우리의 살길입니다. 다시 한 번 예배가 회복되기 위해서 이렇게 노력해 봅시다!

(1) 예배시간을 지키십시오.

하나님을 존중히 여긴다면 먼저 와서 그분을 맞이하는 것이 마땅합니다.

적어도 예배 시간 15분 전에는 도착해서 기도와 찬양으로 준비합시다.

(2) 준비된 예배를 드리십시오!

아무런 준비도 없이 그분을 만난다는 것이 얼마나 그분을 소홀히 여기는 일인가를 생각해본 적이 있습니까? 토요일은 주일을 준비하는 날입니다.

예배를 위한 모든 것이 구체적으로 준비되어야 합니다.

(3) 예배는 하나님으로 충만해야 합니다.

예배를 드리는 동안 다른 생각이나 행동으로 예배에 집중하지 못하는 것은 그분의 살아계심을 조롱하고 비웃는 것으로 하나님을 멸시하는 행위입니다.

오직 예배는 하나님께만 집중되어야 합니다.

(4) 예배에 드려지는 예물은 나를 드리는 것입니다.

자신을 부끄러운 모습으로 내어 놓지 말아야 합니다.

(5) 예배가 하나님의 이름을 가장 존중히 여기는 삶입니다.

예배보다 더 귀한 일은 내 인생에 없어야 합니다.

말라기 3:16을 보십시오.

"그때에 여호와를 경외하는 자들이 피차에 말하매 여호와께서 그것을 분명히 들으시고 여호와를 경외하는 자와 그 이름을 존중히 여기는 자를 위하여 여호와 앞에 있는 기념 책에 기록하였느니라"

하나님께서 하나님의 기념 책에 기록하신다는 것은 하나님이 잊지 않고 계심을 강조하신 것입니다. 누구를 잊지 않으십니까? 여호와를 멸시한 자와 여호와의 이름을 존중히 여긴 자 모두를 잊지 않으십니다. 이유는 결과에 합당한 상과 저주를 내리시기 위해서입니다.

2. 그분의 보살핌!(말 2:10-13)
   * 돌아보지 않는다

우리 주변에는 누군가의 도움이나 보살핌이 필요한 사람이 많이 있습니다. 한동안 우리 사회의 문제로 떠올랐던 노숙자들의 경우 누구보다도 보살핌이 절실했던 사람들입니다.

본문에 등장하는 이스라엘 백성의 현실도 하나님의 돌아보심이 절실했습니다. 연속되는 고통의 현실들을 이겨낼 수 있는 에너지가 자신들에게는 없었기 때문입니다.

하지만 그런 이들에게 들려오는 하나님의 음성은 너무도 차갑고 매서웠습니다.

F2- 설교를 이끄는 핵심 관점

13절 "그러므로 여호와께서 다시는 너희의 봉헌물을 돌아보지도 아니하시며"라는 단호한 음성은 듣는 이로 하여금 두려움마저 느끼게 합니다.

무엇을 돌아보지 않는다는 것입니까?

이스라엘 백성이 드린 어떤 제물도 돌아보지 않으시겠다는 말씀입니다. 하나님께서 백성의 봉헌물을 돌아보지 않으신다는 것은 단순히 그들이 드린 제물을 받지 않으신다는 의미가 아닙니다.
제물을 드린 사람들을 거들떠보지 않으신다는 의미입니다. 그러므로 이는 절대로 가볍게 여길 일이 아닙니다.

무엇 때문에 하나님께서 그들을 돌아보지 않는다고 하시는 것입니까? 하나님께서 돌아보지 않으신다는 것은 그들과의 단절을 뜻하는 것입니다.

어쩌다가 이 지경이 된 것입니까? 하나님과 단절된다면 이들에게 도대체 어떤 유익이 있겠습니까? 이는 생각만으로도 끔찍한 일입니다. 그런데, 왜 하나님은 이들과 단절을 선포하신 것입니까?

F3- 하나님의 목적을 중심으로 해결

하나님은 아무런 이유 없이 이런 무서운 결정을 하시는 분이 아닙니다. 하나님이 돌아보지 않겠다고 하실 때는 그럴만한 이유가 있습니다.

10-11절에 보면 이스라엘 백성의 모습이 나옵니다.

"우리 각 사람이 자기 형제에게 거짓을 행하며 우리 조상들의 언약을 욕되게 하였느냐 유다는 거짓을 행하였고 이스라엘과 예루살렘 중에서는 가증한 일을 행하였으며 유다는 여호와께서 사랑하시는 그 성결을 욕되게 하며 이방 신의 딸과 결혼하였으니"

이들은 하나님을 섬긴다고 하면서도 이런 이중적인 생활을 버리지 못하고 있었습니다. 그래서 "돌아보시지 않는다는 것"은 하나님의 진노의 표현이십니다.

여호와의 이름을 존중히 여기고 가장 귀히 여겨야 할 하나님의 택한 자녀들이 이방 여인들과 함께 우상숭배하며 여호와의 이름을 더럽혔기에 하나님께서 절대로 그들을 거들떠보지 않는다고 선포하신 것입니다.

1) 이들은 조상 대대로 지켜오던 하나님과의 약속을 깨뜨리고, 하나님과의 언약도 짓밟고 바른 말을 하는 형제들에게 위선과 속임수로 거짓을 일삼았으니 하나님께서도 돌아서신 것입니다.

2) 이방 신을 아버지라, 하나님이라 부르며 하나님의 성소에서 이방 신들에게 하던 짓을 행함으로 하나님의 이름과 성소를 더럽히고 짓밟았습니다.

이런 자들의 모습을 지켜보시던 하나님의 심정이 어떠셨겠습니까? 여호와의 이름을 존중히 여기기는커녕 오히려 그 이름을 욕되게 한 무리들을 돌아보시지 않는 것은 너무도 당연한 일입니다.

3) 이방 신의 딸(우상 숭배하는 음행한 여인들)과 결혼한 것은 신앙의 배교행위입니다. 적극적으로 하나님을 버린 행위입니다.

그러니 하나님께서도 이들을 돌아보지 않으심으로 이들을 버리시겠다는 것입니다. 하나님을 버리고 우상을 숭배한 자들은 반드시 끊어버리신다는 선포입니다.

요한계시록 22:15절에 "개들과 점술가들과 음행하는 자들과 살인자들과 우상 숭배자들과 및 거짓말을 좋아하며 지어내는 자는 다 성 밖에 있으리라"고 했습니다.

우상 숭배자들은 현세에서도 내세에서도 하나님의 돌보심을 영원히 받지 못함을 알게 하십니다.

F4- 관점으로 청중적용

사랑하는 여러분!

우리는 하나님의 돌보심이 절실히 필요합니다. 하나님이 돌아보시지 않는 곳은 그곳이 어디든 문제의 장소요, 아픔의 장소요, 타락의 장소요, 진노의 장소입니다.

1) 지금 나는 여호와의 돌보심을 받고 있습니까?

하나님이 돌아보시지 않는 성도, 가정, 교회가 우리 주변에 많이 있습니다. 정확히 말하면 돌아보시지 않는 것이 아니라 돌보실 수 없는 것입니다.

* 하나님을 떠난 자는 돌보실 수 없습니다.
* 신앙이 있다고 하면서 가증스런 일을 하는 자는 돌아보실 수 없습니다.
* 하나님과 교회를 욕되게 하는 자는 돌아보실 수 없습니다.
* 하나님을 대신하는 우상적 요소들이 있다면 돌아보실 수 없습니다.

12절의 경고를 기억해야 합니다.

"이 일을 행하는 사람에게 속한 자는 깨는 자나 응답하는 자는 물론이요 만군의 여호와께 제사를 드리는 자도 여호와께서 야곱의 장막 가운데에서 끊어 버리시리라"

이런 일을 행하는 자는 그가 신자이든 불신자이든 약속의 복을 누릴 수 없음을 잊지 말아야 합니다. 13절에서도 "여호와께서 다시는 돌아보지도 아니하시며"라고 말씀하십니다.

이것이 이들을 향한 하나님의 단호한 음성임을 잊지 말아야 합니다.

2) 우리는 하나님의 돌보심을 받아야 합니다.

하나님의 돌보심이 없는 자가 바로 문제를 달고 사는 자입니다. 하나님께서 돌보시는 자는 어떤 문제를 만나도 걱정이 없습니다.

(1) 이중적인 생활을 청산하십시오!

하나님의 사람들이 불신자처럼 사는 것이 이중적인 생활입니다. 신앙인으로서 형제들을 속이고, 언약을 무시하는 태도입니다.

(2) 자신을 성결하게 하는 일에 힘쓰십시오!

우리는 하나님의 성전입니다. 자신을 관리하지 못하는 것은 성전을 욕되게 하는 것입니다. 이는 하나님의 돌보심을 거부하는 행위입니다.

(3) 하나님을 대신하는 것이 있다면 믿음으로 끊어 버리십시오!

우리가 하나님을 욕되게 하고 다른 것에 미쳐서 하나님을 버리면 하나님께서도 나를 버리십니다. 이런 나를 돌아볼 자는 아무도 없습니다.

지금이 기회입니다!

더 이상 머뭇거릴 시간이 없습니다. 오늘이 하나님의 돌보심을 받을 수 있는 기회입니다. 절대로 이 기회를 놓치지 마십시오!
  하나님의 돌보심이 없던 날들로 돌아가서는 안 됩니다.
  하나님이 돌보시면 어떤 문제도 두려울 것이 없습니다.

  지금 이 자리에 나를 돌보시려고 예수님이 찾아오셨습니다.
  지금 여러분이 앉아있는 이곳이 바로 예수님이 나를 돌아보려고 찾아오시는 자리입니다. 매일 매일 이 자리에서 그분의 돌보심을 받으십시오! 이 시간 나를 돌보려고 찾아오신 예수님을 붙드시길 바랍니다!

  예수님을 놓치면 아무것도 할 수 없습니다.

  F5- 관점으로 청중결단

  지금까지 하나님의 이름을 존중히 여기지 못하게 했던 나쁜 습관들을 청산하고 다시 하나님의 성전으로 세워지기 위해서 철저하게 나의 잘못된 모습을 회개하고 예수님을 붙들고 다시 일어나시기 바랍니다. 지금 신앙회복이 필요합니다!
  이 시간 찾아내야 합니다.
  무엇이 내 안에 우상 노릇을 했는지 지금 찾아내십시오!
  그리고 이 시간 여기서 예수님의 이름으로 그것들을 던져 버리십시오!
  선포하고 새로운 삶을 시작해야 합니다.
  다같이 통성으로 회개합시다. 철저하게 회개합시다!

이제는, 하나님을 존중히 여기는 삶으로 다시 살아가십시오!
예수님의 이름을 붙들고 그분이 돌아보시는 자리로 나아가십시오!

하나님의 돌보심은 영원합니다.
끝까지 내 모든 것을 책임지고 돌보아 주십니다.
이제부터 그분의 돌보심이 여기저기서 기적으로, 문제 해결로 나타나게 됩니다.

3. 짝(말 2:13-16)

* 그는 네 짝이요

얼마 전에 한 TV채널에서 〈짝〉이라는 프로그램을 방영한 적이 있습니다. 결혼적령기에 있는 남자와 여자들이 서로의 조건에 맞는 이상형을 찾기 위하여 여러 가지 게임과 미션들을 하면서 탐색하는 프로그램이었습니다.

〈사랑과 전쟁〉이라는 드라마가 귀에 익숙할 것입니다. 이 드라마는 결혼생활의 위기들을 각색하여 방영하면서 시청자들로 하여금 주어진 상황에서 이혼을 해야 하는지 말아야 하는지에 대해 여러 의견을 받는 프로그램이었습니다.

2011년 7월을 기준으로 전국 혼인 건수는 23,500건이었고, 이혼 건수는 9,500건이었습니다. 이 자료는 통계청 기준입니다. 단순 계산하면 40%(혼인 대비 이혼율)가 조금 넘습니다. 뉴스 등에서 요즘 이혼을 많이 한다고 듣기는 했지만, 이 통계를 보니 정말로 이혼율이 높습니다.

최근 혼인 건수 대비 이혼율을 보면 2011년 1월 34%, 2, 3월 35%, 4월 33%, 5월 32%, 6월 35% 순으로 약간의 변화가 있었는데, 7월이 가장 높게 나타났습니다(참고로 2010년 연평균 36%입니다).

이혼 건수는 1월 9,000건, 2월 8,300건, 3월 9,700건, 4월 8,500건, 5월 9,500건, 6월 9,800건, 7월 9,500건으로 6월이 가장 높게 나타났습니다. 매월 평균 9,186건의 이혼이 진행되는 것 같습니다.

오늘 말라기 본문이 기록된 당시에도 이혼은 심각한 사회문제였습니다.

13절 "곧 눈물과 울음과 탄식으로 여호와의 제단을 가리게 하는도다"

이혼의 아픔과 상처로 울부짖는 여인들과 그 자녀들의 눈물 섞인 탄식으로 여호와의 제단은 제사를 드리지 못할 만큼 심각한 상태였다고 고발하고 계십니다. 이들의 절규를 들으신 하나님은 특단의 조치를 내리셨습니다.

F2- 설교를 이끄는 핵심 관점

13절에 계속하여 "그러므로 다시는 너희의 봉헌물을 돌아보지도 아니하시며 그것을 너희 손에서 기꺼이 받지 아니하시거늘"

이혼한 자들의 봉헌물을 돌아보지 않으시겠다는 것입니다. 하나님께서 봉헌물을 돌아보지 않으시겠다는 것은 단순히 제물을 물리치신다는 것을 넘어서 그 제물을 드린 자, 이혼한 자에 대한 외면을 의미하는 것입니다.

이혼은 아픔과 상처가 있는 곳입니다. 어느 누구보다도 돌봄이 필요한 곳입니다. 그런데 제일 먼저 하나님께서 돌아보지 않으신다고 합니다. 남편과 아내로부터 버림받은 자들이 하나님에게마저 외면당한다면 어떤 심정이겠습니까?

우리가 살다 보면 이혼을 할 수밖에 없는 현실에 처할 수 있습니다. 국가의 법도 이혼 할 수 있는 허용의 범위를 정하고 있습니다. 더 이상 결혼생활을 지속할 수 없는 경우에는 이혼이 또 다른 해결의 출구가 될 수도 있습니다.
그런데 어째서 하나님은 이혼한 자에 대하여 이렇게도 혹독한 말씀을 하시는 것입니까?

정말 이혼이 이런 무서운 형벌을 받아야 될 만큼 끔찍한 범죄입니까? 불쌍히 여기시지는 못할망정 이런 대우를 하시다니 너무합니다! 이혼을 경험한 많은 사람들이 오늘 이 말씀을 들을 때 얼마나 큰 상처가 되겠습니까?

F3- 하나님의 목적을 중심으로 해결

이혼한 자들에게 이처럼 가혹한 현실을 말씀하시는 것은 이혼을 하지 말라는 강력한 경고입니다. 결혼을 만드신 분이 하나님입니다. 가정을 만드신 분도 하나님입니다.

이혼은 결혼을 통하여 이루시려는 하나님의 목적을 깨뜨리는 행위입니다. 하나님께서는 결혼을 통하여 원하시는 것이 있습니다.

1) 성령 충만입니다.
15절 "그에게는 영이 충만하였으나"

하나님의 성결한 영으로 인간을 만드신 하나님께서는 결혼을 통하여 두 사람이 서로 연합하여 하나님의 영이 더 충만한 삶이 지속되기를 원하십니다. 결혼은 두 사람이 서로 연합하여 더 충만한 성령의 역사하심을 누리는 신령한 일입니다. 혹 한 사람이 연약하고 힘들어 하더라도 또 한 사람의 충만함이 그를 붙들어 주어 성령의 충만함을 지속하게 하시려는 것이 결혼입니다.

2) 하나 됨입니다.
15절 "하나를 만들지 아니하셨느냐"

남자와 여자가 부부로 하나 되어서 온전한 인간으로 살아가도록 하나님의 특별한 사랑이 담긴 것이 결혼입니다. 결혼은 처음부터 끝까지 하나 됨을 잃지 않아야 지속될 수 있습니다. 하나

됨의 목적은 서로를 채워주는 것입니다.

3) 경건한 자손을 주시기 위함입니다.
15절 "이는 경건한 자손을 얻고자 하심이라"

하나님께서 우리에게 가정을 허락하시는 이유 중 하나는, 하나님의 영이 충만하여 하나 됨을 지속하는 가정에 경건한 자손을 주심으로 하나님의 나라를 확장하시려는 것입니다.
경건한 자손이라는 말은, 결혼을 통하여 자손들을 하나님의 올바른 자녀로 성장시켜야 되는 사명이 있음을 일깨우시는 부분입니다.

이혼은 이런 하나님의 목적을 모두 저버리는 것입니다. 단순히 한 가정의 문제가 아니라 하나님의 질서와 법을 파괴시키는 무서운 죄악 중 하나입니다.
더 나아가 경건한 자손을 통하여 하나님 나라를 확장시키시려는 하나님의 비전을 짓밟는 죄입니다.

4) 특별히 믿음의 가정들은 14절의 말씀을 주목해야 합니다.
14절 "네가 어려서 맞이한 아내 사이에 여호와께서 증인이 되시기 때문이다"

믿는 자들은 남편과 아내를 맞이할 때 하나님 앞에서 성경에 손을 얹고 서약합니다. 이들은 하나님을 증인으로 삼고, 하나님의 이름으로 서약하고, 하나님의 이름으로 결혼을 유지하겠다는 약속입니다.

　이때 하나님은 이 결혼의 증인이 되셨습니다. 그러기에 이혼은 하나님의 증인 됨을 무시하는, 여호와의 이름을 존중히 여기지 않는 행위입니다.

　그러므로 이혼은 단순히 부부가 헤어짐에서 문제를 찾는 것이 아니라, 하나님을 무시하고 업신여기는 것과 여호와의 이름을 존중히 여기지 않는 자의 행위이기 때문에 이들에 대한 하나님의 진노는 당연함을 잊지 말아야 합니다.

　예수님께서도 결혼과 이혼에 대한 분명한 입장을 마태복음 19:3-12에서 모두에게 알게 하셨습니다.

　(1) 결혼은 하나님이 세우신 질서입니다.
　(2) 남편과 아내는 하나 됨을 힘써야 합니다.
　(3) 결혼은 하나님이 증인이십니다. 하나님이 짝지어 주신 것을 무시하고 이혼하면 하나님을 무시하고, 하나님의 법을 파괴하는 죄입니다.
　(4) 이혼에 관한 모세의 율법은 하나님의 뜻이 아니라 인간의 완악함을 이기지 못한 모세의 극단적인 처방이었음을 상기시키셨습니다.

　예수님은 그 구약의 법을 다시 해석하시면서, 모세의 율법보다 하나님의 심정이 먼저임을 밝히시며 하나님은 이혼을 여전히 반대하신다고 하셨습니다. 이를 악용하지 말 것도 경고하셨습니다.

F4- 관점으로 청중적용

사랑하는 여러분!
누구에게나 결혼에 대한 불만은 있을 수밖에 없습니다.
이 땅은 천국이 아니기 때문입니다.

1) 지금 이 순간도 많은 가정들이 배우자에 대한 불신과 원망으로 이혼을 생각하고 있습니다. 지금 이 자리에도 그런 사람이 있을지 모릅니다.

* 정말 이혼만 하면 모든 것이 다 해결 될 수 있습니까?
* 이혼은 당사자만의 문제가 아닙니다. 하나님과의 문제, 자녀와의 문제기 함께 복잡하게 얽혀 있습니다.
* 요즈음 우리는 이혼을 너무 가볍게 생각하는 것이 큰 문제입니다.
* 믿음의 사람들마저도 결혼과 가정을 중요하게 여기지 않고 쉽게 이혼 결정을 내리고 돌아서버리는 것은 하나님의 근심입니다.

2) 하나님의 무서운 경고를 기억하셔야 합니다.

"다시는 돌아보지 아니하리라."
이는 이혼한 자에 대한 진노이기도 하지만 이혼하지 말라는 하나님의 간곡한 경고의 음성입니다.

(1) 하나님은 내 결혼의 증인 되어주셨습니다.

하나님은 내가 결혼하는 순간부터 내 가정을 향하여 한 순간도 눈을 떼신 적이 없습니다. 하나님께서 증인이 되셨기에 나와 내 가정의 모든 식구들을 돌보셨습니다.

이런 하나님의 돌보심이 없었다면 많은 위기들을 이겨낼 수 없었을 것입니다.

(2) 배우자는 하나님이 주신 짝입니다.

지금 내 곁에 있는 남편과 아내는 하나님의 특별한 선물입니다. 지금의 아내와 남편이 있었기에 소중한 자식들도 얻을 수 있었습니다. 모두가 하나님이 주신 선물 중에 최고의 선물입니다.

(3) 내가 믿음으로 하나님 앞에서 서약한 것을 지키십시오!

하나님과 주의 종 그리고 수많은 사람들 앞에서 서약한 것을 잊으면 안됩니다. 만일 당신이 서약한 것을 깨뜨린다면 이는 증인된 모두를 업신여기는 행위입니다.

(4) 믿음의 가정들에게 하시는 경고를 아멘으로 받아야 합니다.

"나 여호와가 말하노라 나는 이혼하는 것과 옷으로 학대를 가리는 자를 미워하노라 만군의 여호와의 말이니라"

하나님은 내 가정 안에서 일어나는 모든 일들을 지켜보고 계십니다. 특히 믿음의 가정들이 옷으로 가려진 것과 같은 숨겨진 거짓들로 인하여 가정이 무너지는 것을 경고합니다.

F5- 관점으로 청중결단

하나님이 주신 가정을 지켜야 합니다. 결혼생활을 유지할 수 없게 하고 배우자의 신뢰를 깨뜨리는 잘못된 행실을 버려야 합니다.

(1) 마음을 다하여 아내와 남편의 도리를 다해야 합니다.
(2) 인격적인 관계가 깨뜨려지지 않도록 서로 존중해야 합니다.
(3) 부부간의 상처는 대부분 말에서 시작됩니다. 함부로 가볍게 말하는 것을 고쳐야 합니다.
(4) 실수를 인정하고 잘못을 고백하는 것은 더 나은 관계를 유지하는 비결입니다.
(5) 삼가 마음을 지켜 거짓을 행하지 말아야 합니다.
(6) 적극적으로 사랑을 고백하세요!
(7) 사랑은 허다한 실수도 덮어줍니다.

부부가 하나 되어 믿음으로 살면 하나님이 돌아보십니다.
특별히 자손이 잘되는 복이 반드시 성취됩니다.
부부는 행복하게, 자손들은 복 받게 합시다!

4. 여호와를 괴롭게 하지 말라!(말 2:17)

* 말

이 시대는 순환과 소통의 시대입니다. 아날로그 즉 일방적인 소통수단이 디지털, 쌍방향의 소통수단으로 전환된 시대에 우리가 살아가고 있습니다.

우리 시대 최고의 소통수단을 꼽으라면 당연히 전화 즉 핸드폰을 제외할 수 없을 것입니다. 이 통신기기의 핵심은 멀리 있는 사람과 언어적 소통을 가능하게 해준다는 것입니다. 이로 인하여 느끼는 즐거움은 돈으로 환산하기 어려울 것입니다.

눈으로 보이지 않는 영적인 삶에도 소통은 매우 중요합니다.

F2- 설교를 이끄는 핵심 관점

17절을 시작하면서 "너희가 말로"라는 말씀을 하십니다.

여기서 말이란 하나님과 소통하는 수단입니다. 그런데 본문을 자세히 보면 이 말로 인하여 하나님과 백성들 사이에 문제가 생긴 것을 발견할 수 있습니다. "하나님께서 백성들의 말을 들으시고 괴로워하신다"는 것입니다.

한쪽(백성)에서 쏟아낸 말이 다른 한쪽(여호와)을 불편하게 했다면 분명히 소통에 문제가 생긴 것입니다. 다른 분도 아니고 하나님과의 소통 장애는 심각한 문제가 아닐 수 없습니다.

이스라엘 백성들이 어떤 말을 했기에 하나님이 들으시고 괴로워하신다는 표현을 하셨을까요?

이스라엘 백성들이 하나님을 괴롭힌 말들이 나타납니다.

* 하나님을 향하여 조롱하는 말을 했습니다.
"우리가 어떻게 여호와를 괴롭혀 드렸나이까?"
자기들이 한 말을 알면서도 모르는 척 되묻는 조롱입니다.

* 하나님의 공의를 비웃었습니다.
"모든 악을 행하는 자는 여호와의 눈에 좋게 보이며 그에게 기쁨이 된다"
이는 악을 미워하시는 하나님의 공의와 성품을 비웃고 업신여긴 것입니다.

* 하나님을 정면으로 도전하며 불신을 외쳤습니다.
"정의의 하나님은 어디 계시냐"
이들은 거침없이 하나님의 존재하심에 대한 불신과 하나님이 있으면 나와보라는 식으로 하나님을 향하여 도전했습니다.

이런 말들은 사람이 들어도 기분이 상하고 분이 날 만한 말입니다. 하물며 하나님께서 이런 말을 들으시고 어찌 괴로워하지 않을 수 있단 말입니까?

어째서 이들은 하나님을 향하여 이런 막말을 하는 것일까요? 이들이 이런 막말을 할 수밖에 없도록 하나님께서 이들에게 무슨 실수라도 하신 것입니까?

F3- 하나님의 목적을 중심으로 해결

하나님은 살아계십니다.

이스라엘 백성들이 하는 말을 들으시고 괴로워하셨다는 것은 하나님께서 살아계심을 증명하시는 표현입니다. 말라기 선지자는 3:16에서 여호와께서 그것을 분명히 들으셨다고 하셨습니다. 그분은 어떤 말을 들으신 후 그 반응으로 기쁨도 괴로움도 느끼시는 인격의 하나님이십니다.

지금도 하나님은 살아계셔서 우리가 하나님을 향하여 하는 모든 말을 들으시고 반응하고 계심을 잊지 않기를 원하십니다.

1) 하나님께서는 말로써 하나님과 하나님의 이름을 존중히 여기지 아니하고 조롱하고 업신여기는 자를 기억하십니다.

하나님께서 이들의 말을 들으셨다는 것은 그들의 말을 기억하고 계시다는 의미입니다. 이런 말을 한 자들을 기억하고 잊지 않고 계심입니다.

하나님께서 이런 자들을 기억하고 계심은 이들이 하나님을 업신여기고 조롱한 대가를 치르게 하시기 위함입니다. 우리는 이 사실을 놓치지 말아야 합니다.

2) 말로 하나님을 업신여기고 조롱한 자를 교만한 자로 여기십니다.

하나님을 조롱하는 자는 스스로 하나님보다 높은 자임을 자청하는 자입니다. 자신을 하나님보다 높여서, 하나님을 업신여겼으니 이보다 더한 교만이 어디 있겠습니까! 하나님이 싫어하시는 죄악 중 하나가 교만입니다. 이런 자는 반드시 대가를 치르게 됩니다.

3) 이는 경고입니다.

하나님을 향하여 함부로 말하는 자들에 대한 경고입니다. 하나님을 무시한 자는 반드시 하나님께 무시를 당합니다. 하나님을 가볍게 여겨서는 안 됩니다.

F4- 관점으로 청중적용

사랑하는 여러분!

가는 말이 고와야 오는 말도 곱다는 속담도 있습니다.

1) 평소 나의 언어생활은 어떻습니까?

* 말은 습관입니다.

우리는 우리도 모르는 사이에 익숙해진 말들을 습관적으로 사용하고 있습니다. 좋은 말들이 반복된다면 문제가 없겠지만 원망이나 불평들을 습관처럼 사용한다면 문제가 있습니다.

* 말은 그 사람의 신앙의 정도를 나타냅니다.

그 사람 속에 감추어진 신앙의 내면이 그 사람의 말을 통하여 고스란히 드러납니다. 여러분은 평소 하나님을 향하여 어떤 말을 자주 하시나요? 주변 사람들은 내가 하는 말을 듣고 어떤 반응들을 합니까?

* 이런 이야기가 실제로 있었습니다.

가정불화 때문에 남편을 상대로 이혼 소송을 제기했던 한 여인이 "남편과의 싸움에서 오고 갔던 모든 것을 법정에서 말해줄 수 있겠는가?"라는 변호사의 질문에 여인은 침착하게 다음과 같이 답변했습니다.

"재판장님! 남편이 던진 프라이팬으로 화장대가 부서지고 깨어진 접시 때문에 나의 머리가 상했으며 그가 휘두른 방망이 때문에 나의 몸 전체에 멍이 들었지만 그런 것들은 잘 기억이 나지 않습니다. 그러나 그가 나에게 한 말, 습관적으로 던진 말은 절대 잊어버릴 수가 없습니다."
그리고는 울음을 터뜨렸다고 합니다.

함부로 내뱉은 남편의 말들이 가시가 되어 그의 마음을 찔렀고 사랑하던 남편을 상대로 이혼 소송을 해야 할 만큼 마음에 깊은 상처를 주었습니다.

* 지나치게 말을 앞세우거나 말을 해야 할 때 말을 하지 않는 것도 문제가 됩니다.

2) 하나님은 내가 하는 모든 말을 듣고 계십니다.

예수님의 책망 섞인 교훈을 주목해야 합니다.

"입으로 들어가는 것이 사람을 더럽게 하는 것이 아니라 입에서 나오는 그것이 사람을 더럽게 하는 것이니라… 입에서 나오는 것들은 마음에서 나오나니 이것이야말로 사람을 더럽게 하느니라"(마태복음 15:11-20)

* 믿음의 사람들은 말이 달라져야 합니다.

말이 달라진 것이 믿음을 가지게 되었다는 증거입니다. 믿음을 앞세워서 말하면 자신도 듣는 자도 시험을 피할 수 있습니다. 믿음을 가지고 말하십시오!

* 우리와 소통하기 위하여 하나님께서 언어를 주셨습니다.
시편 19:14을 기억하십시오.
"나의 반석이시요 나의 구속자이신 여호와여 내 입의 말과 마음의 묵상이 주님 앞에 열납되기를 원하나이다"

우리는 말로써 하나님과 의사를 소통합니다.

* 하나님께 함부로, 아무 말이나 하면서 소통할 수는 없습니다.
출애굽기 20:7절에 "너는 네 하나님 여호와의 이름을 망령되게 부르지 말라 여호와는 그의 이름을 망령되게 부르는 자를 죄 없다 하지 아니하리라"고 경고하셨습니다.

특별히 우리가 말로써 그분을 괴롭히고 불편하게 해드린다면 어찌 그분의 응답을 기대할 수 있겠습니까? 하나님을 향하여 함부로 말하는 것은 자신의 교만함을 드러내는 것입니다.

* 교회 공동체를 위협하는 사탄의 최고 무기도 말입니다.
말로 인한 상처로 교회 공동체에서 이탈하는 자들이 늘어가고 있습니다.
정말로 안타까운 일입니다.
한 사람 전도하기가 너무 힘듭니다.
더 이상 말의 상처로 교회를 떠나는 자들이 없어야 합니다.

F5- 관점으로 청중결단

이런 말을 뿌리 뽑읍시다!
"마음에서 나오는 것은 악한 생각과 살인과 간음과 음란과 도둑질과 거짓증언과 비방이니 이런 것들이 사람을 더럽게 하는 것이요 씻지 않은 손으로 먹는 것은 사람을 더럽게 하지 못하느니라"(마태복음 15:19-20)

우리가 평소에 하던 말들이 여기에 다 들어있습니다. 구체적으로 내가 자주 하는 잘못된 말들을 찾아내서 버립시다. 내 언어습관을 고치지 않으면 하나님은 나를 괴롭게 여기시며 나를 피하십니다.

　*긍정적인 말, 칭찬하는 말을 반복적으로 사용합시다.

　*말로 인하여 가까운 사람들에게 상처를 주었다면 용서를 구하여 치유할 수 있도록 힘써야 합니다. 말의 상처는 상처를 준 사람이 치유의 문을 열어야 회복됩니다.

　*입술의 권세를 가진 자로 살아갑시다!

　이 시간 말을 바꾸고 생활을 새롭게 만드는 자에게 하나님의 큰 복이 임합니다.
　하나님께서 그가 말한 모든 것을 들으시고, 기억하시고 그대로 복을 주실 것이기 때문입니다.

5. 내가 너희에게 임할 것이라!(말 3:1-6)
　　*그가 임하시는 날에

　말세의 현상 중 하나가 자신을 예수라 칭하고, 자신을 하나님이라고 또는 그분의 아들이라 부르는 자들이 여기저기서 나타난다는 것입니다.
　요즘 한국교회는 이런 이단들로 인하여 몸살을 앓고 있습니다. 상당히 오랜 시간 동안 자신을 하나님이라 부르던 통일교 교주

문선명이 죽음으로 자신이 어떤 존재인지를 전 세계에 보여주었습니다.

분명히 그는 하나님이 아니었습니다. 그는 일평생 거짓을 말했고 수많은 사람들을 속이고 기만했습니다. 또 한 명 자신을 하나님이라 부르고 수많은 자들을 미혹으로 이끄는 사탄의 앞잡이가 한국교회를 어지럽히고 있습니다. 신천지의 이만희 교주입니다. 그도 하나님이 아닙니다. 아무리 속이고 감추려 해도 곧 그의 실체는 드러나게 될 것입니다.

F2- 설교를 이끄는 핵심 관점

말라기 3장에 들어서면서 다급한 하나님의 음성이 온 천하에 울려 퍼졌습니다. 좀처럼 하나님의 진노가 가라앉지 않을 것 같습니다.

3:2절 "그가 임하시는 날을 누가 능히 당하며 그가 나타나는 때에 누가 능히 서리요"

그가 임하신다는 것입니다. 그가 임하심을 감당할 자가 없다고 합니다. 그가 임하실 때 그의 앞에 당당히 설 자도 없다고 합니다.

여기서 말하는 그는 누구입니까? 그가 누구이기에 그를 당할 자가 없다고 합니까? 그런데 어째서 그가 임하는 날은 구체적으로 말하지 않습니까?

또한 그가 임하시는 날 두 가지 일들이 나타난다고 합니다.

첫째는, 금, 은 등에서 불순물을 제거하는 것처럼 그가 임하시는 날에 정결하게 하는 일이 있을 것을 말합니다. 그리고, 지금까지 받지 않으신다고 하시던 봉헌물을 기뻐 받으시는 회복이 이루질 것을 말하고 있습니다.

3-4절 "그가 은을 연단하여 깨끗하게 하는 자 같이 앉아서 레위 자손을 깨끗하게 하되 금, 은같이 그들을 연단하리니 그들이 공의로운 제물을 나 여호와께 바칠 것이라 그때에 유대와 예루살렘의 봉헌물이 옛날과 고대와 같이 나 여호와께 기쁨이 되려니와"

둘째는, 그가 심판을 위하여 임하신다고 합니다. 그리고 그가 심판하실 대상을 공개하고 있습니다. 그가 임하시는 날에 열거한 자들은 심판을 피할 수 없음을 선포하고 있습니다.

5절 "내가 심판하러 너희에게 임할 것이라 점치는 자에게와 간음하는 자에게와 거짓 맹세를 하는 자에게와 품꾼의 삯에 대하여 억울하게 하며 과부와 고아를 압제하며 나그네를 억울하게 하며 나 여호와를 경외하지 않은 자에게 속히 증언하리라"

이 두 가지의 결과를 미리 공개하시면서 그가 임하신다는 것은 무엇을 의미하는 것일까요?

F3- 하나님의 목적을 중심으로 해결

여기서 그는 성경 전체를 통하여 약속하신 그분입니다. 그는 구세주입니다. 그가 오시는 이유와 목적을 알게 하시려는 것입니다. 그는 상급과 심판을 행하러 오십니다.

그가 오셔서 여호와의 이름을 존중히 여기고 믿음을 지킨 자에게는 구원과 상급을 주실 것입니다.

하지만 여호와의 이름을 더럽힌 자에게는 심판을 행하실 것입니다. 중요한 것은 그가 임하시기 전에 그 내용을 미리 공개하고 계시다는 것입니다. 하나님께서 이 사실을 미리 알리시는 것은 심판의 대상자들이 회개할 것을 촉구하시는 것입니다.

1) 하나님은 충분한 기회를 주셨습니다.

1절 "보라 내가 내 사자를 보내리니"

그가 임하시기 전 사자를 먼저 보냈습니다. 구약의 많은 선지자들과 세례 요한에 이르기까지 모든 사자들은 그가 임함을 알리고 준비하라고 보내신 자, 하나님의 사자들입니다.

이들을 먼저 보내심은 하나님의 사랑을 보여주신 것입니다. 단 한 사람이라도 더 듣고 깨닫게 하시려는 하나님의 애정입니다.

2) 인내할 자와 회개할 자가 있습니다.

레위 자손들은 인내함으로 그날의 회복과 상급을 놓치지 말아야 합니다. 약속을 붙들고 믿음으로 견디면 됩니다. 믿음을 지키면 구원과 상급이 내 것이 됩니다.

심판 대상자 명단에 오른 자들에게도 아직 기회가 있습니다. 지금 당장이라도 회개하고 돌이키면 심판의 자리를 면할 수 있습니다. 심판의 자리가 상급을 받는 자리로 바뀌게 됩니다.

3) 그가 오심에 대한 약속은 반드시 이루어집니다.

6절 "나 여호와는 변하지 아니하나니"

하나님 자신의 입으로, 자신의 이름을 걸고 다짐하셨습니다.

F4- 관점으로 청중적용

사랑하는 여러분!

1) 그가 임하셨습니다! 예수님은 말라기에 약속된 그분입니다.

그가 약속대로 오셔서 믿음으로 인내했던 자들에게는 상급을 주셨습니다.

그가 이 땅에 오셔서 사탄의 권세를 멸하시고 하나님의 택한 백성들(구원 받기로 작정된 자=하나님의 자녀)의 모든 죄를 예수님의 보혈로 씻겨 주시고 하나님과의 관계(=예배)를 회복시켜 주셨습니다.

하지만 그가 오셨음에도 끝까지 죄를 버리지 않고 그분 앞에 나아오지 않은 자들, 즉 끝까지 회개하지 않은 자들은 진노의 불 속(=지옥)에 던져버리셨습니다.

* 예수님은 모든 선지자들의 예언(약속) 그대로 오셨습니다.
* 예수님의 오심은 공개적이었습니다.
* 예수님을 믿는 자는 영생을, 믿지 않는 자는 영벌을 받습니다.

2) 이제 그가 다시 오실 것입니다. 그가 다시 임하시는 날이 멀지 않았습니다.

그가 왔다고 말하는 자는 거짓말쟁이요, 사탄의 앞잡이입니다. 이들에게 속지 말아야 합니다. 그가 오시는 날, 거짓의 앞잡이들과 그에게 속은 자들은 지옥 불에 던져지고 말 것입니다.

* 지금은 믿는 자의 모습을 굳건히 할 때입니다.

예수님에 대한 믿음을 지키고 끝까지 견디어야 합니다. 믿음으로 사는 것은 인내가 필요합니다. 세상이 그에 대한 믿음을 지키지 못하도록 믿는 자들을 무너뜨리고 있기 때문입니다. 믿음을 지키십시오!

* 그가 오심이 더딘 것은 우리를 향한 하나님의 사랑이 계속되고 있음을 의미합니다. 바로, 회개할 기회를 주심입니다. 모두가 죄를 버리고 그가 오심을 맞이할 자로 돌아오기를 기다리십니다.

그러므로 하루라도 빨리, 한 명이라도 더 회개하고 돌아가야 합니다.

* 그가 오실 때 나를 교회에서 찾으십니다.

1절 "너희가 구하는 바 주가 갑자기 그의 성전에 임하시리니 곧 너희가 사모하는 언약의 사자가 임할 것이라"

그가 교회를 중심으로 임하실 것입니다. 그러므로 절대로 교회를 떠나서는 안 됩니다.

F5- 관점으로 청중결단

하나님은 지금도 보내신 사자들을 통하여 그가 임할 것을 선포하고 계십니다. 교회를 세우시고 주의 사자들을 세우심은 그가 임함을 알리고 준비할 기회를 주시기 위함입니다.

* 지금이 주의 사자들의 음성을 듣고 정신을 차릴 때입니다!
* 주의 사자들의 음성을 가볍게 듣지 말아야 합니다.

* 주의 사자들이 하나님의 음성을 대변할 때에 사람의 말로 듣지 말고 하나님의 음성으로 듣고 아멘 하여 믿음을 바로 세워야 합니다.

때로는 책망과 교훈으로 내 삶을 바로 세우려 할 때도, 아멘으로 받아서 회개할 기회를 삼아야 합니다. 그가 오셔서 회개하지 않는 자에게 "화 있을진저"란 무서운 표현을 여러 번 하셨음을 잊지 말아야 합니다.

그가 임하실 때 믿음으로 바로 사는 자에게 복이 임합니다.

모든 눈물과 아픔이 사라지고, 상처가 치유되고 회복되며 영원한 즐거움이 임합니다. 그가 속히 임하실 것입니다. 믿음을 지키고 상급을 예비하는 복된 성도들이 다 되길 바랍니다.

6. 내게로 돌아오라!(말 3:7-12)
* 돌아오라

여호와의 당신 백성을 향한 열정이 식을 줄 모르고 계속됩니다.
7절 "그런즉 내게로 돌아오라 그리하면 나도 너희에게로 돌아가리라"

이는 지칠 줄 모르는 그분의 열심입니다. 하나님의 이 열심이 백성들의 마음을 서서히 움직이기 시작합니다. 하나님을 떠난 삶이 얼마나 큰 불행인가를 백성들도 너무 잘 알고 있었기에 이제는 돌아오라는 하나님의 음성에 반응합니다.

그래서, 그들은 7절 끄트머리에서 이렇게 묻습니다.
"우리가 어떻게 하여야 돌아가리이까"

F2- 설교를 이끄는 핵심 관점

이들의 음성을 들으신 하나님은 서둘러 이들이 하나님께 돌아올 수 있는 길을 알려 주셨습니다.

8절 "사람이 어찌하여 하나님의 것을 도둑질하겠느냐 그러나 너희는 나의 것을 도둑질하고도 말하기를 우리가 어떻게 주의 것을 도둑질 하였나이까 하는도다. 이는 곧 십일조와 봉헌물이라"

하나님께로 돌아오는 방법으로 십일조와 봉헌물을 내놓으라 하십니다.

모처럼 마음을 열고 하나님께서 내미시는 손을 잡으려 했던 백성들은 황당하지 않을 수 없었습니다. 하나님께서 먼저 돌아오라고 손을 내미시면서 고작 요구하시는 것이 십일조와 봉헌물, 헌금을 내라니 얼마나 당황했겠습니까?

이는 봉헌물, 헌금을 내지 않으면 하나님과 좋은 관계를 맺을 수 없다는 말씀입니다. 더구나 십일조는 내가 한 달 동안 힘써 벌어들인 것의 십분의 일을 달라고 하시는 것인데 어찌 내 수입의 일부분이 하나님과 나의 관계를 유지하는 수단이 된단 말입니까?

기껏 돌아오라고 하시면서 이런 식으로 돈을 앞세우는 것은 돌아오는 것을 미끼로 돈을 챙기시려는 소리로밖에 여길 수 없습니다.

누구든 이 요구는 쉽게 받아들이지 못할 만합니다. 만일 십일조와 봉헌물을 드리지 않는다면 하나님은 아무도 받아주지 않는다는 것인데 이럴 수는 없습니다.

사정상 헌금을 드릴 수 없는 자들도 있습니다. 그렇다면 이런 자들은 하나님께 돌아갈 수 있는 길이 전혀 없단 말이 됩니다. 하나님께 돌아오라 하시면서 정작 하나님께서 이렇게 말씀하셔도 되는 것입니까?

이건 돌아오라고 하시는 것인지 돌아오지 말라고 하시는 것인지 도무지 알 수가 없을 정도입니다. 왜 하필이면 이 시점에 헌금을 요구하시는 것일까요?

예나 지금이나 헌금, 돈은 신앙인들에게 아주 민감한 부분입니다. 더구나 십일조는 적은 액수도 아니기에 이런 하나님의 음성은 난감하지 않을 수 없습니다.

지금 이스라엘 백성들은 아무것도 없는 현실입니다. 삶이 회복되고 나아지고 나서 십일조든 봉헌물이든 내라 해도 될 것인데, 왜 하나님은 백성들이 돌아오는 방법으로 먼저 십일조와 봉헌물을 말씀하셨을까요?

F3- 하나님의 목적을 중심으로 해결

그 당시 이스라엘 백성들은 추수하고도 십일조를 구별하여 드리지 않은 기간이 상당히 오랫동안 지속되었습니다. 자연스럽게 하나님께 드려야 할 다른 예물들도 소홀히 하거나 무시함으로 하나님을 존중히 여기지 않고 무시하는 결과를 초래했습니다. 이는 여호와의 계명을 존중하지 않은 처사였습니다.

그 결과, 9절에 "너희 곧 온 나라가 나의 것을 도둑질하였으므로 너희가 저주를 받았느니라"라는 말을 듣게 됩니다.

지금의 고통스런 현실을 겪는 원인이 바로 여기에 있었습니다.

이제 하나님은 이들의 고통스런 현실을 바꾸어 주시려는 것입니다. 이 백성들이 이제 그만 하나님의 것을 도둑질하여 이 저주에서 벗어나기를 원하시는 하나님의 심정입니다. 부담을 주려는 것이 아닙니다. 이들의 돈을 탐하시는 것은 더욱더 아닙니다.

십일조와 봉헌물을 통하여 이스라엘 백성과 화해하고 잃어버린 복을 회복시키시려는 것입니다. 이는 하나님과 화해하는 유일한 방법입니다.

그러므로 십일조와 봉헌물은 내가 하나님께 돌아온 자임을 진심으로 증명하는 신앙고백입니다.

어기서 말하는 십일조란, 내게 발생되는 모든 수입의 십분의 일을 말합니다. 단순히 고정된 월급의 십일조만을 의미하는 것이 아니라 일상생활에서 발생되는 모든 수입의 십분의 일을 의미합니다.

부동산을 팔거나 살 때 발생되는 이익, 연금, 보험수익금, 퇴직금, 기타 보너스 등으로 얻어지는 모든 수입의 십분의 일을 하나님의 것으로 믿고 하나님께 드려서 자신의 신앙을 고백하는 행위를 말합니다.

봉헌물이란, 십일조 외에 하나님을 섬기기 위하여 정해진 예물들을 말합니다. 그 당시 제사에 쓰여지던 제물, 성전을 관리하고 유지하기 위해서 드려지던 성소 예물 등 하나님이 정해주셨거나 자신이 작정하여 하나님께 드리기로 약속된 모든 종류의 예물들을 포함합니다.

십일조와 봉헌물을 드림으로 돌아온 자에게,

1) 하나님은 복 주시려는 당신의 심정을 활짝 열어 알려 주셨습니다.

누가 하나님을 시험할 수 있습니까? 하지만 하나님은 믿음이 없이 하나님을 시험할 목적으로라도 십일조를 드려서 복을 받으라고 하셨습니다.

2) 반드시 복 주심을 약속하셨습니다.

땅의 복이 부족하면 하늘을 열어서라도 반드시 부족함이 없도록 채워주시려는 하나님의 크신 마음을 보여주셨습니다. 하늘 문을 열어서 아무도 막을 수 없는 복을 주신다고 약속하셨습니다.

3) 또 한 번 스스로를 향하여 다짐하셨습니다.

"너희에게 복을 쌓을 곳이 없도록 붓지 아니하나 보라"

하나님께 돌아와서 진심으로 하나님께 드릴 것을 드린 자에게는 기필코 복을 받게 하시겠다는 하나님의 의지를 보여주셨습니다.

4) 돌아온 자들이 복 받는 것을 모두에게 보여주신다고 하셨습니다.

"메뚜기를 금하여 너희 토지 소산을 먹어 없애지 못하게 하며 너희 밭에 포도나무 열매가 기한 전에 떨어지지 않게 하리니 너희 땅이 아름다워짐으로 모든 이방인이 너희를 복되도다 하리라 만군의 여호와의 말이니라"

돌아온 자들이 어떤 복을 받는지를 모두에게 알게 하심으로 더 많은 자들이 돌아올 수 있도록 하시겠다는 약속입니다.

예수님께서도 마태복음 6:20-21에서 "오직 너희를 위하여 보물을 하늘에 쌓아두라 거기는 좀이나 동록이 해하지 못하며 도둑이 구멍을 뚫지도 못하고 도둑질도 못하느니라 네 보물이 있는 그곳에 네 마음도 있느니라"고 하십니다.

하나님께 드릴 것을 드리는 자는 도둑을 걱정할 필요가 없습니다. 하나님께서 지키시는 것을 누가 감히 훔쳐길 수 있겠습니까!

F4- 관점으로 청중적용

사랑하는 여러분!

1) 우리도 헌금에 대하여 여러 생각들을 합니다.
 * 내가 노력하고 힘써서 벌어들인 것을 왜 하나님의 것이라고 하는가?
 * 십일조와 헌금들은 종류대로 다 동참해야 되는가?
 * 헌금을 하지 않고는 신앙생활을 할 수 없는가?

이런 불편한 심정이 해결되지도 않았는데 교회 오면 때로는 무조건 내어놓으라 하니 당황스러워하는 것도 당연합니다. 하지만 이런 생각은 모두 내 중심적인 사고입니다.

하나님은 불신자를 향하여 십일조와 봉헌물을 내어놓으라 하지 않으십니다.

불신자들이 가진 재물의 십일조 역시도 하나님의 것이지만 그들은 하나님을 믿고 신앙을 고백하지 않은 자들이기에 하나님의 명령을 인정하지 않으려고 하기 때문입니다. 그래서 하나님은 그들의 삶이 어찌 되든지 하나님의 관심 밖이고 그들의 결말을 알기에 버려두시는 것입니다.

그러나, 헌금이 부담스러우시다면 이런 생각을 한 번 해보십시오!

하나님께서 나를 불신자처럼, 버린 자처럼 취급하셔도 되겠습니까? 내가 무엇을 하든지 내버려두셔도 좋다면 오늘 이 말씀은 버려도 됩니다. 하지만 하나님의 도우심과 그분의 손길이 내 삶에 꼭 필요함을 원하신다면 내 사고를 바꾸어야 합니다.

지금 나의 현실을 안과 밖으로 냉정하게 돌아보십시오!

열심히 벌고, 열심히 모으고, 제대로 입지도 먹지도 못하고 살면서 애쓰는데 눈앞의 현실에 만족하며 살고 계십니까? 매일매일 반복되는 불편한 현실을 언제까지 그냥 두고만 계실 건가요?

내 인생도 하늘 문이 열리는 복을 받을 수 있습니다!

2) 하나님께로 돌아갑시다! 이 길만이 하나님의 복을 누리는 유일한 길입니다.

우리는 하나님을 아버지로 고백하는 하나님의 자녀들입니다.

우리는 그분의 소유이고, 그분은 나를 복되게 하시기를 원하십니다. 하나님은 내가 십일조와 봉헌물을 올바르게 드림으로 하나님을 존중히 여기고 하나님을 인정하는 삶을 살기를 원하십니다.

* 믿음으로 이 고백을 생활로 보이십시오!

마태복음 6:24절 "한 사람이 두 주인을 섬기지 못할 것이니 혹 이를 미워하면 저를 사랑할 것이나 혹 이를 중히 여기고 저를 경히 여김이라 너희가 하나님과 재물을 겸하여 섬기지 못할 것이니라"

십일조와 봉헌물은 돈의 문제가 아니라 신앙고백의 문제입니다. 하나님께 돌아온 증거입니다. 하나님의 자녀 된 증거요, 내가 하나님을 바르게 신앙하고 고백한다는 증거입니다. 하나님의 복을 갈망하고 그 복으로 살겠다는 믿음입니다. 내가 가진 신앙을 고스란히 드러내는 것입니다.

* 어려울수록 십일조와 봉헌물을 드려야 합니다.

우리는 어려워서 못 드린다고 합니다. 그러나 명심할 것은 드리지 못하면 그 어려움도 끝나지 않습니다. 물질의 고난이 끊어지지 않습니다.

　어려워도 드리는 자가 복을 받습니다. 드려서 복을 누리십시오!

F5- 관점으로 청중결단

　십일조는 이렇게 드려야 합니다!

　* 십일조는 온전히 드려야 합니다. 단돈 십 원도 빠뜨리지 않고 드리도록 힘써야 합니다. 이것이 온전한 십일조입니다.
　* 수입이 발생되는 모든 곳에서 십일조를 드려야 합니다. 월급 외에 발생되는 수입의 모든 것이 십일조의 대상입니다. 적금, 부동산 처리 결과에 대한 이익금, 보험금수령 등등.

　* 정상적인 곳에 드려야 합니다.
　하나님의 창고에 드려야 합니다. 등록하여 출석하는 교회에 드리는 것이 하나님의 창고에 드리는 것입니다. 출신 지역의 교회를 돕거나 선교비나 구제비 명복으로 십일조에 해당하는 헌금을 사용하면 그것은 십일조를 드린 것이 아닙니다.

　* 십일조를 구별하여 다른 방법으로 드리지 말아야 합니다.
　십일조를 가지고 주일헌금이나, 감사헌금, 기타 헌금으로 나누어서 드리면 안 됩니다.
　* 어려서부터 십일조를 가르쳐서 온 가족이 십일조를 생활화

해야 합니다.

* 십일조는 내가 받을 복의 씨앗이요, 앞으로 받을 복의 근거입니다.

하나님은 십일조를 드림으로 하나님께 돌아온 나에게 하늘 문을 여시고 내 삶의 구석구석에 복을 주시고 확실하게 책임져 주십니다!
모두가 이 복의 주인공이 되시기를 바랍니다.

7. 내가 그들을 아끼리라(말 3:16-18)
* 기념책에 기록하리라

하나님의 음성을 들은 이스라엘 백성들의 반응은 분분했습니다.
16절 "그때에 여호와를 경외하는 자들이 피차 말하매"
다수의 사람들이 하나님의 음성을 외면하고 불신함으로 귀를 닫고 있던 그때에 하나님을 경외하며 신앙을 지키고 바르게 살아보려던 작은 무리들의 소리에 하나님은 주목하셨습니다.

"여호와께서 그것을 분명히 들으시고"
하나님은 이들의 소리에 민감하셨고 이들을 붙들어주고 싶어 하셨습니다.

F2- 설교를 이끄는 핵심 관점

16절 "여호와를 경외하는 자와 그 이름을 존중히 여기는 자를 위하여 여호와 앞에 있는 기념책에 기록하였느니라"

여호와 앞에 있는 기념책은 무슨 책일까요? 그 책 속에 무엇을 기록하셨다는 것일까요? 이 책을 본 사람은 있을까요? 본 적도 없고 확인할 수도 없는 책에 대하여 말씀하시는 이유는 무엇일까요?

지금 이들에게 필요한 것은 한 줌의 식량입니다. 그리고 당장 해결되어야 할 문제들이 산더미 같습니다. 눈앞에 있는 현실이 힘들고 혼란스러운 지경인데 이 책이 무슨 위로와 해결이 될 수 있겠습니까?

본문을 자세히 보면 이 책 안에 기록된 것을 발견할 수 있습니다.

* 이 책에는 여호와를 경외하고 그 이름을 존중히 여기는 자들이 기록되어 있습니다. 여호와께서 당신을 경외하고 그 이름을 존중히 여기는 자들의 이야기를 들으시고 그들을 위하여 그 책에 기록하셨음을 밝히셨기 때문입니다.
* 여호와 앞에 있는 책이니 거짓과 편견이 기록될 수 없습니다.
* 이 책에 기록된 자들은 하나님께서 특별하게 여기시는 자입니다.

17절 "그들을 나의 특별한 소유로 삼을 것이요"라고 기록된 자들을 향한 하나님의 마음을 알려 주셨기 때문입니다.

* 이 책에 기록된 자들은 하나님의 특별한 보호의 대상이라는 것도 알 수 있습니다. "내가 그들을 아끼리니." 이들을 향한 하나님의 보통 이상의 관심과 보호를 느낄 수 있습니다.
왜 이렇게 특별한 대우를 하시면서 이들을 여호와의 기념책에 기록하셨음을 강조하시는 것일까요?

F3- 하나님의 목적을 중심으로 해결

이 책에 기록된 것을 근거로 분별하시기 위함입니다.
하나님은 당신을 경외하지도 않고 그 이름을 존중히 여기지도 않는 자들을 위하여 심판의 날을 정하셨습니다.

17절 "나는 내가 정한 날에"
이날은 여호와의 진노와 형벌이 임하는 날입니다. 이날은 하나님을 욕되게 한 자들에게 더 이상의 기회가 주어지지 않는 최후의 날입니다.
이날 하나님은 당신을 경외하고 그 이름을 존중히 여긴 자들을 한 순간도 놓치지 않으시고 그들의 모든 것을 기록하여 만천하에 공개하시려고 그들의 이름과 그 행위를 기념책에 기록하셨습니다.
이 책에 기록되지 않은 자들은 악인이요, 하나님을 섬기지 않은 자이기에 그 기록을 근거로 분별하여 심판하실 것입니다.

1) 이날은 반드시 옵니다.
18절 "그때에", 즉 하나님이 정하신 심판의 날을 "그때"라 하심으로 그 시간을 알려주셨습니다.

2) 기록된 대로 이루어질 것입니다.
18절 "너희가 돌아와서", "너희는"
여기서 너희라고 지칭한 자들은 기념책에 기록된 의인을 의미합니다. 악인은 영벌로, 의인은 영생으로 분별된 것을 보게 될 것입니다.

3) 기념책의 기록이 상 받을 자와 벌 받을 자를 분별하는 근거입니다.
이 책이 있음을 미리 공개하심은 여호와를 경외하고 그 이름을 존중히 여겨 기념책에 기록된 자들이 흔들리지 말고 더 많은 기록을 남길 수 있도록 더욱 열심히 주를 섬기라는 격려입니다.

예수님께서도 마태복음 25:31-33에서 이렇게 말씀하고 계십니다.
"인자가 자기 영광으로 모든 천사와 함께 올때에 자기 영광의 보좌에 앉으리니 모든 민족을 그 앞에 모으고 각각 구분하기를 목자가 양과 염소를 구분하는 것 같이 양은 그 오른편에 염소는 왼편에 두리라"

F4- 관점으로 청중적용

사랑하는 여러분!
내 삶이 모두 드러난다는 것을 알고 있습니까?
단 한 순간의 모습도 지워지지 않고 나의 전부가 밝혀진다면 어떻겠습니까?

1) 아무리 발버둥 쳐도 다시 돌이킬 수 없는 시간이 내 앞에도 옵니다.

우리는 내가 말하고 행동했던 모든 것들을 기억하고 기록하시는 분이 있음을 잊고 살아갑니다. 그래서 함부로 말하고, 보는 이가 없으면 자기 마음대로 행동합니다. 신앙인들도 예외가 아닙니다.

* 사람은 자기 행위대로 심판을 받습니다.
사람이 무엇으로 심었는지 낱낱이 드러날 때가 있습니다.
* 지금 내 모습을 살펴보아야 합니다.
하루 종일 무슨 말을 하고, 무슨 일을 하며, 무슨 생각으로 살고 있는가를 점검할 때입니다.

* 나는 하나님의 기념책에 남길 만한 삶을 살고 있습니까?

2) 여호와께서는 듣고 보신 것을 기념책에 남기십니다.
"피차에 말하매 그것을 분명히 들으시고"
이 말씀을 믿음으로 새겨야 합니다.

하나님의 자녀 된 나의 말과 행동을 주목하십시오.
* 매 순간 하나님의 동행하심을 잊지 말아야 합니다.

어떤 순간에도 하나님을 경외하고 그 이름을 더럽히지 않는 생활을 하도록 힘써야 합니다. 하나님의 자녀 된 삶을 적극적으로 보여주어야 합니다. 하나님은 이런 순간순간을 놓치지 않으시고 기록하십니다.

* 기록된 대로 상을 받습니다.

상 받을 것들을 준비하는 삶을 살아갑시다. 오늘에 급급하여 내일을 준비하지 못하는 것은 어리석은 자의 모습입니다. 주를 위하여 일하고 상 받을 기록을 남깁시다!

* 나의 기록을 공개할 시간이 다가옵니다.

더 이상 머뭇거릴 시간이 없습니다. 당장 움직여야 합니다.

F5- 관점으로 청중결단

나는 귀중한 존재입니다. 하나님은 나를 특별한 소유로 삼으셨고 나를 얼마나 아끼시는지 알려주셨습니다. 내가 행하는 모든 것을 잊지 않으시려고 기념책에 기록하시는 하나님의 심정을 품고 직분에 충성하여 상 받는 일꾼이 됩시다!

하나님을 섬기는 자의 모습은 직분으로 분별합니다!

"하나님을 섬기는 자와 섬기지 않는 자를 분별하리라"

* 내게 주신 직분의 가치를 세상적인 것과 비교하지 마십시오!
세상에서 주는 돈의 가치 때문에 하나님이 주신 직분을 소홀히 여김으로 상급을 놓치지 말아야 합니다.

* 직분은 나에게 복 주시려는 근거입니다.
내가 직분 감당하는 모습을 보시고 그 결과대로 나를 복 주시려고 직분을 주신 것입니다. 직분이 복을 받는 근거입니다.

* 내게 주신 직분을 바로 알고 충성해야 합니다.
직분의 역할도 바로 알아야 하고, 무엇보다 최선을 다하는 충성스런 섬김이 필요합니다.

* 어려움을 이겨내야 합니다.
하나님은 우리가 어려움과 시련을 이겨내는 것을 보시고 그것들을 기록하여 상으로 바꾸어 주십니다. 상은 고난을 이긴 자들만이 누릴 자격이 있습니다.

이제 직분의 자리로 돌아가서 하나님을 섬기는 자의 모습으로 아름다운 기록을 남기는 자가 됩시다!

하나님은 모두가 보는 앞에서 충성된 자를 분별하여 현세와 내세에 반드시 큰 복을 주십니다. 잘되는 자는 잘되는 이유가 있습니다. 나도 그 자리로 나아가면 됩니다!

8. 치료하는 광선을 비추리니(말 4:1-3)
* 날(치료하는 광선)

하나님을 저버리고 눈에 보이는 현실을 쫓아서 살아온 이스라엘 백성들을 향한 하나님의 진노와 심판 그리고 그들을 향한 하나님의 애타는 심정을 우리는 말라기 3장을 지나오면서 보았습니다.

말라기서를 마무리하면서 하나님은 말라기 선지자에게 또 한 번 미래에 대한 특별한 계시를 열어 주셨습니다.

F2- 설교를 이끄는 핵심 관점

그 계시의 핵심은 하나님이 정하신 날이 있다는 것입니다.

4:1절 "만군의 여호와가 이르노라 보라 용광로 불같은 날이 이르리니 교만한 자와 악을 행하는 자는 다 지푸라기 같을 것이라. 그 이르는 날에 그들을 살라 그 뿌리와 가지를 남기지 아니할 것이로되"

여기서 말하는 날이란 어느 시기, 때를 이르는 말입니다. 문제는 이날을 하나님이 임의로 정하시고 그날이 언제인지 정확한 날짜를 말하지 않고 있다는 사실입니다.

그러나, 이날에 일어날 일들을 보십시오! 정말 두렵고 무섭습니다. 그냥 두 손을 놓고 있을 일이 절대 아닙니다. 이날이 어떤 날인지 정확하게 밝히고 알려서 준비할 것을 준비하게 해야 합니다.

본문은 "불같은 날", "그 이르는 날"이라는 애매한 표현들로 마치 그날을 숨기고 있는 것 같습니다. 혹시 "이날"은 백성들을 겁주려고 말로만 하시는 것이지, 실제로 이날을 정하셨다는 것은 거짓이 아닐까요?

이렇게 정확하지 않은 날에 대한 이야기는 듣는 자에게 아무런 신뢰감도 줄 수 없습니다. 정말로 이날에 대한 의미를 강조하시려면 그날에 대한 정보를 정확하게 주어야 마땅합니다.

정말로 이날은 임하는 것일까요? 그렇다면 그날은 언제입니까? 그날이 어떤 날이기에 날짜도 숨기시면서 그날에 대한 두려움만 갖게 하시는 것일까요?

하나님께서는 그날에 일어날 일들을 이렇게 예고하셨습니다.

* 심판입니다.
1절 "용광로 불같은 날이 이르리니 교만한 자와 악을 행하는 자는 다 지푸라기 같을 것이라 그 이르는 날이 그들을 살라 그 뿌리와 가지를 남기지 아니할 것이라"

3절 "또 너희가 악인을 밟을 것이니 그들이 내가 정한 날에 너희 발바닥 밑에 재와 같으리라"

용광로에서 뿜어져 나오는 불처럼 견딜 수 없는 뜨거운 심판으로 교만한 자와 악을 행하는 자를 마치 지푸라기를 태우듯이 그들을 살라 그 뿌리와 가지를 남기지 아니할 것이라 하십니다. 악인들은 불에 삼킨 바 되어 재만 남을 것이며 그 악인들의 재조차 밟힌 바 될 것이라 합니다. 이는 악인에 대한 철저한 심판으로 의인들은 그 악인들의 재를 밟으며 악인들로부터 받은 수모를 되돌려주는 날이 된다는 것입니다. 이날은 생각하기도 두려운 날, 심판의 날입니다.

* 의로운 해가 떠오른다는 것입니다.

2절 "내 이름을 경외하는 너희에게는 공의로운 해가 떠올라서 치료하는 광선을 비추리니 너희가 나가서 외양간에서 나온 송아지 같이 뛰리라"

앞에서 보았던 무서운 심판의 모습은 전혀 볼 수 없고 공의로운 해가 떠올라서 치료의 광선을 비추어 그동안 악인의 압제로 인하여 병들고 지친 모든 자를 치료해 주신다는 것입니다. 치료의 광선으로 회복된 자들은 마치 외양간에서 갓 태어난 송아지처럼 새 힘을 얻고 뛰게 될 것이라고 합니다. 이날이 희망과 기쁨을 주는 날이 될 것을 알리고 계십니다.

* 이 치료의 광선은 어디서 비춰지는 것입니까?
* 이 치료의 광선은 어떤 병이라도 치유할 수 있다는 것이 정말 사실입니까?

* 이런 광선이 비춰지는 날이 있다면 그날이 언제인가를 사람들에게 빨리 알려야 합니다. 그렇지 않습니까?

* 그렇다면 도대체 그날은 언제입니까?

F3- 하나님의 목적을 중심으로 해결

그날은 바로 예수님이 오시는 날입니다.

예수님이 오시는 그날은 악인에게는 두려운 날이 되겠지만, 여호와의 이름을 존중히 여긴 모든 자들에게는 치유와 회복이 있는 날임을 알리시는 것입니다.

그랬습니다! 약속하신 그날에 예수님은 공의로운 해처럼 이 땅에 떠올랐습니다. 예수님께서 이 땅에 공의로운 해로, 치료의 광선으로 오셨습니다.

예수님이 이 땅에 오셔서 계신 날 동안 이 땅에는 치유의 광선이 임했습니다. 죄와 질병으로 고통 받던 모든 자들이 예수님의 이름으로 치유와 회복을 누렸습니다.

예수님은 치유의 광선이셨기에 고치지 못하신 질병이 없으셨으며 불가능한 모습을 보이신 적이 없으셨습니다. 하나님의 자녀들을 속박하던 모든 굴레들을 십자가로 깨뜨리시고 죄와 질병으로부터 완전한 치유를 선포하셨습니다.

하지만, 이날 원수들은 멸망 당했고 죄와 사망은 예수님의 이름으로 정복 당했습니다.

소경이 눈을 뜨고 외양간에서 나온 송아지처럼 기뻐 뛰었습니다.

평생을 걸어보지 못한 앉은뱅이가 송아지처럼 뛰었습니다.

심지어 죽었던 자들도 일어나 송아지처럼 뛰면서 치료의 광선이신 예수님을 증거 했습니다.

F4- 관점으로 청중적용

사랑하는 여러분!

1) 이 치료의 광선이 우리에게도 절실히 필요하지 않습니까?
우리에게 치유와 회복이 필요한 곳이 한두 곳이 아닙니다. 우리도 치유 받을 수 있습니다.

오늘 우리가 그날에 살고 있기 때문입니다. 지금 내가 숨 쉬는 이 공간 안에, 공의로운 해가 우리 위에 머물러 계심을 알고 있습니까?

지금도 예수님의 이름으로 치유 받고 회복을 누리는 자들이 지구촌 도처에서 우후죽순처럼 일어나고 있습니다.
지금 여러분은 이 사실을 놓치고 있지는 않습니까?

나를 치유하고 회복하는 방법이 예수님께 있음을 놓친 채 세상에서 방황하는 그리스도인들이 너무도 많이 있습니다. 예수님이 치료의 광선이심을 모르기에 헛된 곳에 몸도 돈도 시간도 허비하며 방황하고 있습니다.

우리에게 주어진 시간이 그리 많지 않습니다! 예수님의 이름으로 치료하시는 능력을 지금 붙드시기 바랍니다.

2) 또 다시 그날이 옵니다.
예수님은 다시 오십니다. 그날은 그분이 오시던 첫날과는 다른 날이 될 것입니다. 그날은 용광로 불 같은 날이 될 것입니다.
"보라 용광로 불 같은 날이 이르리니"

불 같은 뜨거운 고통과 돌이킬 수 없는 저주의 날이 될 것입니다.

* 하나님을 대적한 자들과
* 예수님의 이름을 멸시하며 조롱하던 자들
* 믿음을 가질 수 있는 기회를 저버리고 불신과 대적을 일삼았던 자들
* 회개하지 않은 교만한 자
* 악을 행하며 교회와 믿음의 사람들을 괴롭혔던 자들을 불살라 흔적도 남기지 않으시고 용광로 불 같은 지옥에 던져 영원한 형벌에 처하게 할 것입니다.

예수님이 다시 오시는 날, 이날은 재림의 날입니다.
처음 오시던 그날처럼 날짜를 공개하지 않으셨습니다.

처음에 그날도 공개하지 않으셨지만 예수님이 그날(초림)에 오셨다는 것을 우리가 다 알고 있습니다. 재림하실 때에도, 반드

시 그날에 예수님이 다시 오십니다. 그날과 시간은 그분만 알고 계십니다.

그날은 하나님의 자녀들에게 영원한 치유의 광선이 임하는 날입니다.
완전한 회복과 완전한 치유가 임하여 다시는 질병과 아픔이 없을 것입니다.

그날은 믿지 않는 자에게는 심판과 영원한 저주의 날입니다.
그날은 악인들이 용광로 불 같은 형벌에 녹아 잿더미가 되어 의인의 발바닥에 밟히는 치욕과 수모를 당하는 날입니다.

F5- 관점으로 청중결단

지금은 예수님의 이름으로 치유와 회복을 받을 때입니다!
　* 예수님의 이름이 치유와 회복의 유일한 방법임을 믿으십시오!
　* 이 시간 치유와 회복이 필요한 곳을 내어 놓고 치유의 광선을 받으십시오

　* 예수님은 치유의 광선을 그날이 오기까지 교회를 통하여 계속 비추십니다. 교회는 예수님의 치유의 광선이 임하는 것입니다. 예수님은 당신의 몸된 교회를 통하여 치유하십니다!

＊이 시간, 치유가 필요한 곳에 손을 얹고 예수님의 치료의 광선이 임하도록 다 함께 뜨겁고 간절하게 기도합시다. 이 시간, 예수님은 치료의 광선을 비추어 우리 모두를 고치시고 외양간의 송아지처럼 뛰며 살게 하실 것입니다!

9. 내가 엘리야를 보내리라!(말 4:4-6)
＊ 엘리야

가끔 예수님께서 이런 질문을 제자들에게 던지셨습니다.

"사람들이 나를 누구라 하느냐?" 그때마다 예수님을 향하여 "엘리야"라는 대답이 빠지지 않고 나왔습니다. 예수님과 엘리야는 무엇이 닮았을까요? 외모, 삶의 스타일, 보이는 능력? 왜 이렇게 사람들은 엘리야에 대한 환상을 버리지 못하며 살아가고 있을까요?

본문에도 엘리야에 대한 이야기가 등장합니다.

F2- 설교를 이끄는 핵심 관점

말라기 선지자를 향한 하나님의 마지막 음성이 선포되었습니다.

2절 "보라 여호와의 크고 두려운 날이 이르기 전에 내가 선지자 엘리야를 너희에게 보내리니"

엘리야가 누구입니까?

갈멜산에서 바알과 아세라 선지자들과 싸워서 이기고 그들을 한 번에 멸망에 이르게 한 선지자입니다.

삼 년 육 개월 동안 비가 내리지 않아서 온 대지가 바짝바짝 타들어 갈 때 비를 내리게 했던 사람도 하나님의 종 엘리야였습니다. 또한 그는 엘리사가 보는 앞에서 회오리 바람 가운데 불병거를 타고 죽음을 보지 않고 산 채로 하늘로 올라갔습니다.

그런데 어째서 갑자기 그가 온다는 것일까요?

이 말씀대로라면 엘리야가 지금까지 어딘가에 살아있었다는 것인데, 엘리야가 활동했던 시기와 말라기 선지자가 활동하는 시기를 생각한다면 이런 일이 가능한 것일까요?

엘리야가 활동했던 시기는 영적인 암흑기였습니다.

솔로몬의 아들 르호보암은 지혜로운 원로대신들의 "선정을 베풀라"는 충언을 무시하고 젊은이들의 말을 듣고 강압정치를 하다가 반란의 빌미를 제공했습니다.

이후 이스라엘 열두 지파 중 열 지파는 느밧의 아들 여로보암 편에 붙어 북이스라엘 왕국을 건설하고, 남은 두 지파는 르호보암과 함께 남유다 왕국으로 남게 되었습니다. 이로써 다윗이 평생 공을 들여 이루었던 통일왕국이 다시 무너지게 된 것입니다.

여로보암은 왕이 되리라는 선지자의 예언을 듣고 솔로몬이 죽자 반란을 일으키고 왕이 되었는데, 하나님의 권고에도 불구하고 결국 우상숭배를 비롯한 인간해결의 길로 그 국가의 운명을 패망으로 결정지었습니다.

그리고 그가 죽은 후 왕위에 오른 자들도 하나같이 여로보암의 행적을 쫓아 하나님을 떠나서 죄악을 일삼았습니다. 그 중에 가장 흉악하기로 일등에 꼽히는 자는 단연 아합과 그의 아내 이세벨이었습니다.

그 어둠의 시기에 선지자 엘리야가 활동했습니다.

엘리야는 하나님의 심판으로 가뭄을 예언했고, 하늘에서 불을 내려 하나님의 살아계심을 보여주었고, 하나님을 대적했던 바알과 아세라 선지자 850명을 몰살시켰으며, 죽음을 보지 않고 하늘로 올라갔습니다. 이러한 엘리야의 행적은 수백 년 전에 일어난 일입니다.

우리가 알고 있는 이 엘리야를 보낸다는 것이 정말 가능한 일일까요?
그렇다면 다시 온다는 엘리야는 어떤 모습일까요?
정말 엘리야가 온다면 그를 알아볼 자가 있기나 할까요?

F3- 하나님의 목적을 중심으로 해결

본문을 자세히 보면 엘리야가 와서 하게 될 사역을 알려주고 있습니다.

6절 "그가 아버지의 마음을 자녀에게로 돌이키게 하고 자녀들의 마음을 그들의 아버지에게로 돌이키게 하리라"

하나님이 보내실 엘리야의 사역이 아버지와 자녀 사이를 중재하는 사역임을 강조하고 있습니다. 아버지의 마음을 자녀에게 돌이키게 하고, 자녀들의 마음도 아버지에게 돌이키게 할 수 있는 중재자가 보내실 엘리야라는 것입니다.

그렇다면 이 중보자, 중재자의 사역을 감당할 보내실 엘리야는 누구일까요? 이 엘리야의 이름으로 예언된 중재자는 바로 예수 그리스도입니다.

예수님은 하나님 아버지와 자녀 된 우리의 관계를 중보(중재)하러 오신 엘리야이십니다. 예수님의 이름을 존중히 여기고, 그 이름을 구원의 유일한 이름으로 믿고 돌아오는 자에게는 하나님께서 그에게 마음을 돌이키고 다시 자녀로 받아주는 은혜를 베푸신다는 약속입니다. 예수님의 중재를 통하여 우리와 다시 화해하신다는 약속입니다.

예수님은 아버지의 마음을 돌이킬 수 있는 유일한 분이십니다.

1) 왜 하필 엘리야의 이름으로 예언되었을까요?
백성들은 죽음을 보지 않고 하늘로 올라간 엘리야를 기억하기에 엘리야의 이름을 통하여 예수님은 살아계신 하나님, 하늘로부터 우리를 구원하시려고 오신 분이심을 알게 하시려는 것입니다.

2) "그가", 예수님만이 유일한 중재자입니다.
예수님 외에는 아버지의 마음을 돌이킬 자가 없습니다. 우리가 아버지께 나아갈 수 있는 유일한 통로도 예수님뿐이십니다. "그가" 아니면 아버지도 그 마음을 돌이키지 않으심을 분명히 지적하고 있습니다. 그가 아니시면 절대 안 된다는 것을 기억하라고 하십니다.

3) "그"의 중재를 거부하는 자마다 무서운 심판이 있습니다.
6절 "돌이키지 아니하면 두렵건대 내가 와서 저주로 그 땅을 칠까 하노라"

"그"의 중재가 "복과 저주"의 핵심입니다. 예수님의 이름이 심판의 기준입니다. 예수님의 이름을 믿지 않고 돌이키지 않는 자마다 지옥으로 던져지는 저주의 결과를 받게 됩니다.

F4- 관점으로 청중적용

사랑하는 성도 여러분!

1) 여호와의 크고 두려운 날이 임할 것입니다.
그날은 엘리야(예수님)의 중재를 거부하고 돌이키지 않은 자들에 대한 심판과 영원한 저주가 시작되는 날입니다.

 예수님의 십자가는 아버지의 마음을 돌이키시기 위하여 아들이신 예수님이 선택한 유일한 중보의 방법이셨습니다. 이 중보는 어느 날 갑자기 이루어진 것이 아니라 구약성경 전체를 통하여 계속된 하나님의 약속이었습니다.

 4절 "너희는 내가 호렙에서 온 이스라엘을 위하여 내 종 모세에게 명령한 법 곧 율례와 법도를 기억하라"

 하나님은 이 방법을 오랜 기간 준비하셨으며 이 방법을 잊지 않도록 계속하여 기록하게 하셨고, 여러 사람들(선지자)에게 말씀하셨습니다. 오직 이 방법을 기억하라고 강조하고 있음을 잊지 말아야 합니다.

 2) 예수님의 이름으로 아버지께 돌아가야 합니다.
 예수님이 아버지께로 나아가는 유일한 통로임을 믿고 받아들이십시오!
 오직 예수님입니다! 예수님만이 구원의 유일한 길입니다.

 * 모세를 통하여 준 약속에도 분명히 기록하고 있습니다.
 신명기 18:15-22절 "너를 위하여 나와 같은 선지자 하나를 일으키리니 너희는 그의 말을 들을지니라"
 이 말씀을 기억하고 아버지께로 돌아가야 합니다.

 * 성경은 예수님을 통하여 하나님 아버지께로 돌아가는 방법

을 알려주려고 우리에게 주신 메시지입니다.

* 교회는 아버지의 마음이 머물러 있는 곳입니다.
예수님의 몸과 피로 세워진 곳이기 때문입니다. 아버지는 예수님의 몸인 교회로 나아오는 자를 향하여 마음을 돌이키십니다. 그러므로 교회는 예수님께로 돌아온 자들이 아버지를 섬기며 축복을 누리는 장소입니다.

F5- 관점으로 청중결단

예수님을 통하여 화해하십시오!
예수님의 이름으로 아버지와 불편했던 생활들을 청산하고 아버지와 화해하십시오! 이는 회개입니다.

* 예수님의 이름으로 죄를 고백하면 아버지의 불편한 마음이 돌아서십니다.

* 예수님의 이름을 믿고 구원의 길에 서면 아버지는 모든 것을 용서하시고 하나님의 자녀로 받아 주십니다.

* 예수님의 이름으로 문제가 있을 때마다 아버지의 도움을 구하십시오!

* 예수님의 이름으로 아버지의 모든 것을 누리십시오!

예수님은 나를 아버지와 하나로 연결하는 유일한 다리입니다.
예수님 중심으로 사세요!
예수님과 멀어지지 마십시오!
예수님을 통하여 아버지의 마음을 내게로 향할 때 내가 행복해집니다!!

❖ ❖ 관주

말라기 4장 후반부에 예언된 엘리야에 대한 일반적인 해석들은 엘리야를 세례 요한으로 말하고 있습니다.

하지만 필자는 아버지의 마음을 돌이킬 수 있는 유일한 분은 예수님뿐이심을 다시 한 번 강조하고 싶습니다. 세례 요한은 예수님을 소개하는 사명자이지 아버지와 자녀들을 중보(중재)하는 사역자는 아니라고 여깁니다. 오늘 본문은 분명한 설교자들의 관점을 요구합니다.

말라기서를 핵심적인 관점을 중심으로 프레임의 기능을 따라서 설교로 풀어 보았습니다. 말라기 전체에 대한 하나님의 목적이 핵심적(말 3:16-18)으로 나타나 있기에 각 장과 절을 그 핵심을 중심으로 설교로 진행한 것입니다.

이처럼 관점이 보이면 설교를 진행하는 것이 어렵지 않습니다. 문제는 관점이 잘 보이지 않는다는 것입니다. 성경 각 권과 장, 그리고 단락들은 관점이 있어야 읽히고, 그렇게 읽을 때 설교자는 설교를 진행하는 에너지를 갖게 됩니다. 설교자들은 이 관점을 가지도록 부단히 노력을 기울여야 합니다.

관점을 찾는 방법이 있습니다. 그것은 훈련이 필요합니다. 적어도 수개월 정도 집중해서 훈련을 받으면 모든 설교자들에게 하나님의 목적을 말할 수 있는 관점과 설교를 통하여 목회적인 비전을 만들어 갈 수 있는 관점이 주어지게 될 것입니다.

여러분의 가정을 지켜져야 할 가장 큰 이유는 그 결혼이 하나님의 약속이기 때문에, 하나님이 증인이시기 때문에, 여러분이 그 약속과 하나님의 증인됨을 무시하면 안 되기 때문입니다.

6장

설교 전문

여러분의 삶이 매일 그리스도 앞에 정결하고 깨끗한 삶이 되어야 합니다. 그래야 여러분도 당당하고 여러분을 보는 사람들도 그리스도인의 아름다운 모습, 정결한 모습을 통하여 하나님을 보게 되는 역사가 있게 될 것이라는 사실을 믿으시기를 바랍니다.기서 전체의 핵심 관점입니다

설교 전문 1.

짝! (말 2:13-16)

살다 보면 우리는 이런저런 일들을 만나게 됩니다. 좋은 일도 만나고 좋지 않은 일도 만나고 웃을 일도 있고 때로는 울 일도 있습니다. 문제는, 우리가 무엇을 위하여 살아가는가가 그래서 참으로 중요합니다.

요즘 텔레비전에서 방영되는 한 드라마 중에 "짝"이라고 하는 드라마를 아실 것입니다. 싱글 남녀들이 나와서 자기들에게 맞는 짝을 찾기 위해서 이런저런 미션도 하고 이런저런 조건들을 맞추어 보기도 합니다.

어느 때 보면 저렇게 좋은 조건, 저렇게 좋은 스펙을 가진 친구들이 왜 저기에 나왔을까? 이런 생각을 가질 때도 종종 있습니다. 그런데 그 TV의 마지막 장면을 보며 여지없이 드는 생각은 좋은 짝, 마음에 드는 짝, 자기들의 조건에 맞는 짝을 찾기란 쉽지 않다는 것입니다.

또 다른 방송에서는 "사랑과 전쟁"이라는 이름으로 부부 사이에 일어난 온갖 문제를 거론하면서 이 상황에서도 여전히 부부가 함께 살아야 되는가 말아야 되는가?

이혼해야 한다, 이혼하면 안 된다는 시청자들의 의견들을 받아서 방송 마무리에 지난 주 시청자들의 의견은 "이혼을 해야 한다"가 몇 퍼센트, "하지 말아야 한다"가 몇 퍼센트… 이런 식으로 사람들의 생각을 움직이고 있습니다.

2011년 7월 말을 기준으로 우리나라 전체의 인구 중에서 이혼하는 가정이 굉장히 많이 늘어났다고 합니다. 그것을 월별로 따지면 한 달에 만 쌍 가까이 이혼을 한다는 것입니다. 이미 우리나라도 이혼 천국이라는 오명을 가지게 되면서, 이혼에 대한 개념이 그렇게 낯설지 않은 나라가 되어버렸습니다.

불과 10여 년 전만 해도 이혼한다는 것은 사람들에게 부끄러운 일이라 여기고 남에게 알리지 않고 할 수만 있으면 숨기려고 했습니다.

그런데 요즘은 그렇지 않지요. 그런 것이 뭐 부끄러움인가… 살다 보면 이혼할 수도 있지… 또, 안 맞는데 이혼해야지… 이런 생각들이 우리 사회에 만연해 있습니다. 결혼하고 3, 4년이 큰 위기라고 합니다. 결혼 후 3, 4년 사이에 이혼하는 가정의 숫자가 상당히 많이 늘어나기 때문입니다.

또 반면에 30, 40년을 함께 살았지만, 황혼의 시기에 이혼 하려는 사람도 적지 않습니다. 아무튼 이런저런 이유로 인해서 이혼하는 문제는 우리 사회에서 이제는 그리 낯설지 않은 개념으로 자리 잡고 있습니다.

오늘의 본문이 주어진 그 당시에도 이혼은 심각한 문제 중에 하나였습니다.

13절 "너희가 이런 일도 행하나니 곧 눈물과 울음과 탄식으로 여호와의 제단을 가리게 하는도다"

무슨 말입니까? 이혼 당하고 버림 받은 여자들과 그의 자녀들이 어디 가서 하소연할 곳이 없으니까 예배당에 와서 하나님의 전 앞에서 눈물과 울음과 탄식으로 울부짖는 소리가 하나님께 예배를 드리지 못할 만큼 여호와의 제단을 가득가득 메우고 있다는 것입니다.

아침에도 점심에도 저녁에도 수많은 여인들이 자식들과 오갈 데가 없어서 하나님의 전을 찾아오고 하나님의 전 앞에 와서 자신의 분통이 터지는 심정을 울부짖는데, 그 소리가 하나님의 전에서 끊이지 않았기에 하나님이 그 소리를 들으시고 괴로워하신다는 것입니다. 하나님이 고통스러워하신다는 것입니다. 그래서 하나님의 마음이 너무 불편하시다는 것입니다.

하나님은 이런 여인과 그 자녀들의 절규를 외면하실 수 없어서 특단의 조치를 내리셨습니다. 13절 마지막 부분에 보면, 여호와께서 다시는 너희의 봉헌물을 돌아보지도 않겠다, 다시는 너희가 드리는 손에서 예물을 받지 않겠다고 말씀하셨습니다.

단순히 이것은 그들이 하나님 앞에 드리는 제물 자체에 대한 문제를 제기하시는 것이 아니라 이런 이혼, 이런 어려움을 당하는 가정, 이런 불편한 심정을 가지고 와서 예배를 드리는 자에 대한 하나님의 외면을 의미합니다.

이 설교가 다소 여러분의 마음에 무겁게 들릴 수 있다고 생각됩니다. 그러나 오늘 이 말라기를 통하여 주시려는 하나님의 음성이 우리에게 꼭 필요합니다.

하나님은 이런 말씀을 하고 계십니다.

너희가 너희 자식과 너희 아내들이 하나님 앞에 울부짖고 절규하고 탄식하는 음성을 듣지 못하였느냐. 저 음성을 외면하고 너희들이 하나님 앞에 와서 어떤 예물을 드릴지라도 하나님은 그들에 대해 외면하시겠다는 것입니다. 거센 음성이지요. 하나님의 진노의 표현입니다.

여러분 살다 보면 이혼을 할 수도 있지요.
이혼한 사람들의 속내, 속사정을 물어보면 다 나름대로 그럴만한 이유가 있습니다. 또 어떤 가정은 이혼 자체가 출구가 될 수 있어요. 도저히 살 수가 없는데, 정말로 더 이상은 가정을 유지할 수가 없는데 이혼해야지 어떻게 하겠느냐고 하는 분들도 있기 때문입니다.

제가 아는 어느 목사님은 자기가 도저히 그 가정을 더 이상은 지켜볼 수가 없어서 자기는 적극적으로 가서 이혼하라고 했다며, 오죽했으면 목사가 그렇게 했겠느냐고 분통을 쏟아내기도 했습니다.

또 어떤 목사님은 이런 이야기를 하십니다. "그래도 이혼하지 마라. 그래도 이혼하면 안 된다." 이렇게 이야기했더니, 목사님에게 알리지 않고 자기들끼리 가서 이혼하고 나중에 와서 이혼했다고 통보하더랍니다.

목사가 손 쓸 틈이 없다는 것이지요. 더 정확하게 말하면 누구 이야기도 더 이상 듣지 않겠다는 것입니다. 자기들의 결정에 대해서 어떤 사람의 이야기도 듣지 않고 더 이상 자기들은 이 문제에 대해서 어떤 것도 양보하지 않겠다는 것입니다. 이들의 사정을 누가 외면하고 무시할 수 있겠습니까?

과연 이혼 자체가 하나님과 사람에게 외면당할 만큼 그렇게 엄청난 것입니까? 우리는 그렇게 생각하지 않아요. 이혼하고 가정의 문제가 생겼다고 해서 주변에서 외면당하고 하나님께 외면당한다면 누가 그것을 온당한 처사라고 생각하겠습니까?

국가의 법도 이혼을 보장하고 있습니다. 이런 경우에는 이혼을 하라고 국가에서도 법으로 정해 놓고 있어요. 이런 이런 경우에는 너무 힘들면 이혼을 할 수 있다는 겁니다.

그런데 하나님은 "나는 너희가 이혼하면 외면하겠다. 나는 너희가 이혼하면 너희를 보지 않겠다"고 하십니다.

뭡니까? 어떤 의미에서는 교회가 이혼한 사람들을 품어야 하는 것 아닙니까?

하나님은 이혼한 사람들과 가정의 문제로 상처를 가진 사람들을 향하여 사랑과 자비와 긍휼과 은혜를 베푸셔야 할 것 같은데,

하나님마저 "내가 너희들을 외면하겠다" 이렇게 말씀하신다면 도대체 그들이 가야 할 곳은 어디입니까!

어떤 의미에서 그들은 버려진 자들인데, 그들은 이 사회의 보살핌과 사랑과 안식이 필요한 자들인데 하나님이 그들을 더 품어 주셔야 하는데… 왜 이런 말도 안 되는 진노의 표현을 하고 계시는 것입니까?

성도 여러분!

이혼은 하나님이 목적하시는 결혼에서 이탈했다는 것 아닙니까? 하나님은 결혼을 통해서 우리에게 이루시고자 하는 목적이 있습니다. 하나님은 오늘 성경에 결혼을 통해서 세 가지의 일을 이루시기를 원하신다고 말씀합니다.

첫째는,
15절에 "그에게는 영이 충만하였으나" 라고 말씀하십니다.

여기서 영은 하나님의 영을 말합니다. 하나님이 남자와 여자를 만드셨어요. 하나님이 남자를 만드실 때 성결의 영, 거룩의 영, 하나님의 영으로 충만하게 만들었어요.

그런데 이런 생각을 해 보십시오. 하나님이 남자를 만들어 놓으시고 한참 지난 다음에 보시니까 남자가 홀로 있는 것입니다. 남자가 홀로 지내는 것이 불완전하다는 것입니다.

하나님이 만드신 영이, 영 자체가 불완전하다는 말이 아니라 독신으로 살아가는 남자의 그 모습이 좋아 보이지 않았다는 것입니다. 그래서 하나님은 또 한 영을 만드셨습니다. 이 두 영이

합하여 하나님의 깊은 영의 충만함으로 나아가기를 원하셨다는 말입니다.

결혼이라는 것은 단순히 남자와 여자가 육체적으로 연합하여 함께 하는 것 이상의 의미를 가지고 있습니다. 하나님이 원하는 결혼은 남자의 영과 여자의 영이 만나서 연합하여 더욱 하나님의 영으로 충만해져서 하나님과 더욱 충만한 영적 관계를 이루기 원하시는 것, 그것이 결혼이라는 것입니다.

또 하나는,
하나님이 15절에 이렇게 말씀하셨어요.
"오직 하나를 만들지 아니하셨느냐"

하나님은 결혼을 통해서 남자와 여자가 하나 되기를 원하십니다. 언제까지요? 처음부터 끝까지 말입니다. 언제나 하나 되기를 원하세요. 하나님께서는 하나 됨을 결혼과 가정이라는 의미에 아주 강하게 부여하고 있다는 사실을 주목하셔야 됩니다.

그리고 세 번째,
경건한 자손에 대한 이야기를 하고 계십니다.
15절 "이는 경건한 자손을 얻고자 하심이라"

경건한 자손 말입니다. 여러분, 그냥 자손이라고 말하지 않고 경건한 자손이라고 말하는 것은 무슨 뜻일까요? 이 "경건한 자손"이라는 말은 하나님이 복 주시는 경건한 축복의 혈통을 의미합니다.

이혼이 뭐죠? 지금까지 말씀 드린 바로 이 세가지 하나님의 계획을 깨뜨리는 것입니다. 하나님의 충만하심을 파괴하는 것이고, 하나 됨을 깨뜨리는 것이고, 경건한 자손들을 이 땅에 생산하지 못하도록 막고, 경건한 자손들이 이 땅에서 하나님의 축복을 드러내는 삶을 막는 일이기 때문에 하나님이 이혼하지 말라고 하시는 것입니다.

그리고 하나님이 이혼에 대하여 이렇게 진노하시는 데는 또 하나의 이유가 있습니다. 아주 깊은 이유가 있어요. 그것은 결혼이 파괴됨으로 인해서 하나님의 이름이 더럽혀진다는 것입니다. 여호와의 이름이 존중히 여김을 받지 못한다는 것입니다.

여러분, 성경을 주목해서 보시겠습니까?

14절에 이런 말씀을 하고 있어요.
"너희는 이르기를 어찌 됨이니이까 하는도다"

이 말은 "왜 이혼하면 안 됩니까!" 이런 말을 한다는 것입니다. "이는 너와 네가 어려서 맞이한 아내 사이에 여호와께서 증인이 되시기 때문이라."
이것은 이런 말입니다. 믿는 사람들이 하나님 앞에서 결혼을 합니다. 목사님이 주례를 합니다. 남편은 서약을 하지요.
네가 오늘 너의 부인을 향해서 선한 일을 다 하겠느냐. 이것을 하나님 앞에서 약속할 수 있느냐. "예" 했어요. 또 부인에게 너도 그렇게 하겠느냐. "예" 했어요. 그 다음에 어떻게 하지요. 남자와 여자가 결혼을 서약하는 의미로 성경에 손을 얹고 목사가 기도합니다.

　이때 이 서약을 받으시는 분, 성경에 손을 얹고 기도할 때, 이 약속에 대하여 축복하시고 분명한 증인이 되시는 분이 누구신가? 바로 하나님이시라는 것입니다. 믿으시기 바랍니다. 하나님입니다.

　이혼이라는 것은 따라서 하나님을 증인 세워놓고 하나님의 증인됨을 파괴하는 것입니다. "하나님 앞에서 바르게 살겠습니다. 하나님, 내가 당신 앞에 약속합니다"했던 것을 깨뜨리고 여호와의 이름을 더럽히고 하나님의 증인됨을 무시하고 하나님을 존중히 여기지 않은 죄가 이혼이라는 것입니다. 단순히 이혼이라는 것은 자기 부부들만의 문제가 아니라는 것입니다.

　그러면, 여러분, 혹시 이런 생각이 드십니까? 참 다행이다. 나는 교회에서 목사님의 주례로 결혼하지 않았으니, 나는 참 다행이다. 예식장에 있는 선생님이나 또 다른 분들을 세워놓고 결혼했기 때문에 나는 하나님을 증인으로 하고 그 앞에 선 적이 없다.

　그래서 행복하십니까? 마음에 안도감이 찾아왔나요? 그러기에는 너무 늦었습니다. 이미 여러분이 예수님을 믿기 이전에 절에서 스님을 통해 주례를 받았든, 교장 선생님에게 주례를 받았든, 마을 이장님께 주례를 받았든… 그것은 중요하지 않아요. 여러분이 예수님을 믿기 이전에도 그분들 앞에서 여러분이 서약을 했어요.

그런데 그 서약이 예수님을 믿기 이전이었지만 지금은 여러분이 예수님을 믿어요. 지금은 여러분이 하나님 앞으로 돌아왔어요. 그렇다면 지금 이 순간을 생각해 보라는 말씀입니다. 여러분이 그때 했던 그 약속은 지금 하나님 앞에서 양심적으로 무효입니까? 그때는 철이 없어서 그냥 했습니다. 이렇게 말할 수 있습니까?

똑같은 의미입니다. 하나님 앞에서 목사를 통해서 서약을 했든, 불신자 앞에서 서약을 했든, 모든 결혼은 하나님이 증인이라는 것입니다.
왜? 결혼을 만드신 분이 하나님이고 가정을 만드신 분이 하나님이고 결혼을 통해서 이 놀라운 일들을 이루어 가시려는 목적이 하나님에게서 출발되었기 때문입니다. 아멘하시기 바랍니다. 이 사실을 분명히 해야 합니다. 이 사실을 무시하고 어기면 하나님이 진노하겠다는 것입니다.

예수님도 똑같은 견해를 말씀하셨어요.

마태복음 19:3-12에 보면 예수님도 이런 말씀을 하셨거든요. 결혼은 하나님이 세우신 질서라는 것입니다. 또 하나, 결혼은 하나님이 하나 되라고 만드신 것입니다. 세 번째, 결혼은 하나님이 짝 지어준 것입니다. 결국은 하나님이 중매하신 것이고 하나님이 증인 서신 것이라 하셨습니다.
그러자 이 말을 듣고 있던 바리새인이 예수님을 향하여 이렇게 물었습니다. "예수님, 모세의 율법에는 이혼을 하라고 했습니다. 모세의 율법에는 이혼 증서를 써주라고 했습니다. 그런데 예수님은 왜 이혼을 하지 말라고 합니까?" 바리새인의 질문에 예수님이 이런 말씀 하신 것을 우리는 기억해야 합니다. 언제 하나님의 뜻이 이혼하는 것이었더냐. 아니었다. 그런데 사람들이 이혼하기 위해서, 자기들이 가정을 버리기 위해서, 남편을 버리고 아내를 버리기 위해서 모세에게 와서 모세를 협박한 것이었다는 말씀입니다.

"우리에게 마음 편하게, 정말로 기분 좋게 이혼할 수 있는 길을 열어주어라…." 이 이혼증서라는 것을 만들어 주지 않으면, 그나마 이혼 당한 아내에게 아무런 보상도 해 주지 않아서 죽어가게 만들 것이니… 모세는 그 완악함에 그나마 사회적 약자인 여자들이 보호받을 수 있도록 이혼증서를 허락한 것입니다.

그것은 결코 원래 하나님 아버지의 뜻이 아닙니다. 할렐루야. 주님이 다시 한 번 확실하게 못을 박으셨습니다.

성도 여러분, 살면서 자기 아내나 남편이 100% 마음에 들어서, 날마다 이리 보아도 예쁘고 저리 보아도 예쁘고 나가도 즐겁고 들어와도 즐겁고, 앉으나 서나 배우자 생각으로 사는 사람이 몇이나 있겠습니까?

TV에 나오는 사람들 보세요. 이 시대에 잉꼬부부라고 불리던 사람들도 다 이혼하지요. 이런 표현이 있지요. 물이 좋고 정자도 좋은 곳은 없다고 말입니다. 사람들은 이것 하나가 마음에 들면 저것 하나가 부족하게 되어 있어요. 이것도 저것도 다 좋을 수는 없단 말입니다. 왜? 여기는 천당이 아니기 때문입니다.

여러분, 우리는 완벽하지 않아요. 어떤 사람은 너무 멋지게 보였는데 결혼하고 보니까 코를 얼마나 심하게 고는지, 결혼하고 보니까 발 냄새가 얼마나 나는지… 사람들에게는 다 흠이 있습니다.

그렇다고 해서 코를 곤다고 이혼하고, 발 냄새가 난다고 이혼하고, 무좀 있다고 이혼하고… 여러분, 우리 이렇게 살 수 있겠어요? 그렇다면 도대체 이 세상에 남아 있을 가정이 몇이나 되겠습니까?

우리 정리해 봅시다! 과연 이혼이 최선의 방법일까요?

성경은 이렇게 말하거든요. 이혼은 부부만의 문제가 아니라 그 자식들에게도 문제가 된다는 것입니다. 경건의 자손들, 축복의 자손들이 이 땅에서 받을 축복을 어머니와 아버지가 가로막는 무서운 죄를 저지르고 있다는 사실을 주목하셔야 됩니다.

또 한 가지는.
우리가 이혼을 너무 쉽게 생각한다는 것입니다. 주님께서 이런 말씀을 하고 있습니다. "나는 이혼하는 것을 미워한다"고 주님이 노골적으로 말하고 있습니다.

그러면 주님이 이렇게 말씀하시는 이유가 뭘까요?

이혼하지 말라는 그 내용도 중요하지만, 주님이 이렇게 진노의 표현을 강하게 하신 것은 이혼은 절대로 하면 안 된다는, 하나님의 가슴 속 뜨거운 심정으로 우리에게 외치시는 아버지의 마음이라는 사실을 깨닫기를 바랍니다.

이혼하면 안 된다는 것입니다. 어떤 경우에도 이혼하면 안 된다는 것입니다.

그런데 문제는 불신자는 그렇다고 치더라도 요즘 신자들도 이혼에 대해서 너무 쉽게 생각하는 것은 대단히 큰 문제입니다. 믿음의 가정들이 파괴되는 것은 아주 무서운 일입니다.

오늘 성경이 말하는 이 부분들을 우리가 명심해야 합니다. 여러분이 믿음의 가정을 이룰 때 하나님이 증인이 되셨다는 사실을 잊어버리면 안 됩니다.

여러분의 가정은 분명히 하나님이 증인이 되셨습니다. 하나님 앞에서 서약했고 하나님 앞에서 약속했다는 말입니다.

그러므로 여러분의 가정을 지켜져야 할 가장 큰 이유는 그 결혼이 하나님의 약속이기 때문에, 하나님이 증인이시기 때문에, 여러분이 그 약속과 하나님의 증인됨을 무시하면 안 되기 때문입니다.

여러분, 약속에는 두 가지 개념이 있어요.

약속은 지켜지면 복이지만 지켜지지 않을 때는 그 대상을 버리겠다는 표시이기도 합니다. 여러분이 하나님의 증인되심을 믿고 하나님 앞에 제대로 약속에 따라서 바르게 살면 하나님이 여러분에게 약속하셨던 축복을 주시겠다는 것입니다.

반대로 하나님의 약속을 저버리고, 믿음의 약속을 깨버리고,

하나님의 증인됨을 무시하고 그냥 여러분 마음대로 살면 하나님도 여러분과의 어떤 약속도 지키시지 않겠다는 것입니다.

하나님 앞에서 내가 서약하고 하나님의 증인됨을 고백하고 내 가정이 출발되었다는 사실 앞에 믿음을 가지시고 이 하나님과의 소중한 약속, 소중한 증인되심을 거룩하게 여기고 존중히 여길 수 있는 그런 믿음이 여러분 가정에 여러분 안에 있기를 축원합니다.

그런 노래 아시지요. '즐거운 나의 집'은 가정을 묘사한 노래입니다. 그런데 참 아이러니하게도 그 노래를 작사 작곡한 사람은 결혼을 한 번도 안 해보았다고 합니다. 결혼은 우리가 가지고 있는 환상만으로 주어지는 세계가 아닙니다.

믿음을 가지고 적극적으로 노력하고 더욱 귀한 가정을 만들어 가기 위한 열정과 헌신과 노력이 없다면, 좋은 가정 복된 가정은 만들어지지 않는다는 사실을 기억하시기 바랍니다.

그래서 오늘 성경이 우리에게 한 가지를 주목하게 합니다. 15절을 보시겠습니다. 마지막 부분에 보면 이런 말씀을 하고 있지요.

"그러므로 네 심령을 삼가 지켜 어려서 맞이한 아내에게 거짓을 행하지 말지니라"

여러분, 가정이 왜 깨어지지요? 왜 가정이 지켜지지 않을까요? 왜 믿음의 가정들도 온전하게 하나님 앞에 서는 것이 어려울까요? 아마 그것은 신뢰 때문일 것입니다.

남편과 아내가 서로에 대하여 신뢰, 믿음이 깨어지면 더 이상 가정은 유지될 수가 없는 것입니다.

그래서 16절 마지막에 "너희 심령을 삼가 지켜 거짓을 행하지 말지니라" 하십니다. 불신을 일으키는 거짓된 삶을 버리라고 하는 것입니다. 오해를 불러 일으키고 불신을 일으킬만한 일들을 하지 말라는 것입니다. 또 적극적으로 가정에 신뢰가 깨지는 문제가 일어날만한 일들을 만들지 말라는 것입니다.

어떤 가정은 도박 때문에 어떤 가정은 술 때문에 또 어떤 가정은 세상에 미쳐있는 여러 가지 일들 때문에 서로의 신뢰가 깨어지기 때문입니다. 노는 것도 적당히 놀아야 하고 먹는 것도 적당히 먹어야 하고 즐기는 것도 적당히 즐겨야 합니다.

도가 지나치면, 그것이 무엇이라도 문제가 되고 그것이 가정을 파괴할 수 있다는 사실을 주목하셔야만 합니다.

하나님은 오늘 우리에게 이런 결론을 주십니다. 이혼하지 말라는 정도의 이야기가 아니고요, 하나님이 세우신 가정을 지키라는 것입니다.

하나님이 우리에게 주신 소중한 가정들, 우리에게 주신 복된 가정을 우리가 잘 지키고 가꾸어서 이 가정을 통해서 부모들뿐 아니라 더욱 우리 자손들 우리의 자식들이 하나님 앞에 더 큰 축복 더 큰 하나님의 은혜 아래 나아갈 수 있는 통로가 되게 하라는 것입니다.

오늘 설교의 결론은 이것입니다.

자식들을 복 받게 하고 자녀들을 복되게 하고 자녀들에게 축복을 열어줄 수 있는 믿음의 가정의 역할을 바로 하는 부모들, 부부들이 되어서 하나님이 이 시대에 우리의 가정들을 통하여 무너진 사회 무너진 자녀들을 일으키고 하나님의 축복을 이 시대에 부을 수 있는 기준이 되기를 주님의 이름으로 축원합니다.

여러분, 가정이 있는 아내와 남편은 짝입니다. 성경은 이렇게 말하고 있지요. 네 짝이다. 여러분 "짝"이라는 말은 무슨 말입니까? 하나가 없으면 병신이라는 말입니다. 하나가 없으면 바보가 된다는 말입니다. 더 쉽게 말하면 하나가 없다면 다른 하나 또한 쓸모가 없다는 것입니다. 이것이 짝이라는 것입니다.

신발 두 짝이 있어요. 한 짝이 없어지면 어떻게 되지요. 이것은 아무리 좋은 신발이라도 쓸모가 없습니다. 아무리 좋은 신이라도 한 짝만 신고 다니면 바보입니다. 병신입니다. 한 짝은 못쓰는 것입니다. 주님이 너의 짝이라고 하신 말은 둘이 하나가 될 때, 둘이 나란히 같이 갔을 때, 둘이 온전함을 이룰 때, 거기에서 하나님의 은혜도 하나님의 기적도 하나님의 도우심도 우리가 알지 못하는 사이에 열리게 된다는 사실입니다.

여러분, 남편을 향하여! 아내를 향하여! "당신은 나의 짝이요. 나는 당신이 없으면 나는 바보요. 당신이 없으면 나는 병신이요. 당신이 없으면 나는 불구자요. 당신이 없으면 나는 쓸모없는 자요"라고 하는 이런 신앙을 가지고 우리의 가정을 더 소중하게 지켜서 하나님의 영광을 드러낼 수 있기를 다시 한 번 주님의 이름으로 축원합니다.

설교 전문 2.

내가 너희에게 임할 것이라! (말 3:1-6)

지난 주간은 무척이나 더웠습니다. 어떤 분이 텔레비전에 나와서, 7, 80년을 살면서 이렇게 더운 날은 처음이라고 이야기하시더라고요.

참으로 우리들 삶에서 일어나는 일인데도 우리가 알 수가 없습니다. 문제는 세상이 덥든지 차든지 어떤 변화가 일어나도 우리의 삶과 우리의 중심이 하나님을 향할 때, 하나님은 여전히 당신이 택한 자녀들을 향하여 은혜를 멈추지 않는다는 사실을 믿으시기를 축원합니다.

이 땅에는 교회 간판을 걸고 있는 단체들이 있습니다. 건전한 교회가 있는가 하면 건전하지 못한 교회들도 많이 있습니다. 주님이 오실 때가 가까워질수록 이 땅에는 건전하지 못한 교회들의 모습이 나타납니다.

10여 년이 더 되었을 것입니다. 다미선교회라는 단체에서 예수님이 곧 오신다고 하며 천장을 열어놓고 흰 옷을 입고 앉아서

밤이 맞도록 예수님을 기다린 적이 있습니다. 알다시피 그 상황은 전 세계에 생중계 되었습니다. 그러나 주님은 오시지 않았습니다.

여러분이 지나다 보면 하나님의 교회라는 간판이 걸려있는데 그 교주는 안상홍이라는 사람입니다. 하나님의 교회에서 공공연하게 가르치는 교리는 안상홍은 이 땅에 재림의 주로 오신 예수님이라는 것입니다. 그래서 그들은 이 땅에 이미 예수님이 오셨다고 말해요. 참으로 어처구니없는 일이지요.

또 '말일성도 예수그리스도 교회'라고 하는 단체가 있는데 요새는 말일이라는 말은 뺏어요. '후기 성도 그리스도 교회'라고 이렇게 바꿨습니다. 윌리엄 밀러라는 사람은 1844년 즈음에 활동했던 사람인데 예수님의 재림, 예수님이 오신다는 이야기를 여러 번 했습니다. 그런데 그것이 다 불발로 끝나버렸습니다. 그런데도 그를 추종하는 세력들이 아직도 주님의 재림에 대한 잘못된 교리를 가르치고 또 어떤 경우에는 오셨다는 여러 가지의 말로 사람들을 현혹하고 있습니다.

오늘 본문에서 말라기 선지자도 "그가 오신다"는 이야기로 시작하고 있습니다.

그가 오신다는 것입니다. 2절에 보면 "그가 임하시는 날 누가 능히 당하며 그가 나타나는 때에 누가 능히 서리요"라고 하는 말로 시작하고 있습니다. 본문의 핵심은 그가 임한다는 것입니다. 그가 오신다는 것입니다. 그런데 오늘 그가 오신다고 하는 말 자체를 자세히 들여다보면, 그가 오신다는 날은 아무도 당할 수 없는 날이 될 것이고 그가 나타나시는 날에는 감히 그 앞에 설 수 없을 만큼 두려운 일들이 있을 것을 암시하고 있습니다.

오늘 말라기서에서 그가 오신다고 하는 말을 가슴에 품고 우리가 새겨야 합니다. 3장의 "그가 오신다"고 하는 말 자체는 진노의 표현입니다. 하나님의 진노가 극에 달해서, 하나님의 진노가 완전히 머리끝까지 차서 이제는 그분이 오셔야 되겠다는 것입니다. 그분이 오셔서 뭔가 해야 되겠다는 것입니다. 2절 마무리하는 부분과 3절에 의하면, 그가 오실 때 두 가지의 일이 일어난다고 말씀하고 있습니다.

그가 오시면 첫 번째 이런 일들이 일어난다고 말합니다.

2절 중반에 보면, "그는 금을 연단하는 자의 불과 표백하는 자의 잿물과 같을 것이라"고 하셨고, 3절에서는 "그가 은을 연단하여 깨끗하게 하는 자 같이 앉아서 레위 자손을 깨끗하게 하되"라고 하셨습니다.

마치 금과 은처럼 그들을 연단하여 그들 속에 있는 모든 불순물을 다 제거하고 이제까지 그들이 드린 봉헌물을 받지 않겠다고 몇 번이나 말씀하셨는데, 비로소 이제 그들이 드리는 제물을, 봉헌물을 하나님이 기쁘시게 받을 것이라고 말합니다.

그분이 오실 때 첫 번째 일어나는 현상은 레위 자손들-레위 자손이라고 하는 말은 구약 12지파 중에서 한 지파를 의미하지만, 좀 더 넓은 의미로 보면 하나님의 택한 백성들, 주님의 자녀들에 대한 상징적인 표현이지요.

결국 그가 임하시는 그날은 하나님의 자녀들 하나님이 택한 사람들에게는 하나님께서 마치 금과 은을 불속에 넣어서 연단하여 모든 찌꺼기를 다 없애버리고 순수한 금만, 순수한 은만 남는 것처럼, 하나님의 자녀들 속에 있는 모든 죄와 불의와 악함과 모든 거짓들, 모든 찌꺼기들을 멸하실 것이라는 말입니다.

그분이 완전히 그 자녀들을 깨끗하게 하실 것이고 그래서 하나님의 자녀들을 가장 온전한 상태로, 하나님이 받으시기에 가장 기뻐하시는 모습으로 만드셔서 그 자녀들이 하나님 앞에 예배하고 주님 앞에 봉헌물을 드릴 수 있게 되는 것입니다. 바로 그때, 하나님이 그 깨끗하게 된 자의 봉헌물을 기뻐 받으시는 회복이 이루어지게 된다고 말씀하고 있는 것입니다.

어떤 의미에서는 그가 임하시는 그날이 이 레위인 자손들에게는 기쁨의 날이요 축복의 날이요 감사의 날이요 회복의 날이요 영광의 날이라는 의미가 있습니다.

그런데 "그날"에는 또 한 가지의 모습이 더 있습니다.

5절에 보면 "내가 심판하러 너희에게 임할 것이라" 하시며, "점치는 자에게와 간음하는 자에게와 거짓 맹세하는 자에게와 품꾼의 삯에 대하여 억울하게 하며 과부와 고아를 압제하며 나그네를 억울하게 하며 나를 경외하지 아니하는 자들에게 속히 증언하리라"고 말합니다.

그분이 임하시는 날, 하나님이 심판하겠다는 것입니다. 지금까지 참고, 참고 또 참으셨던 그 하나님의 진노의 가슴이 폭발하겠다는 것입니다.

누구에게요? 오늘 성경이 그 대상을 말하고 있습니다.

그 첫 번째 대상이 누구입니까? 점치는 자입니다. 점치는 자란 무슨 말입니까? 우상숭배자입니다. 귀신에 사로잡힌 자입니다. 잘못된 영에 현혹되어 이 땅에서 하나님 앞에 드려야 될 정상적인 예배를 파괴하는 자들을 의미합니다. 또 하나 사람들의 영적인 눈을 가리게 만들어서 소경되게 했던 그자들에 대하여 주께서 심판하겠다는 것입니다.

또 누구입니까? 간음하는 자입니다.

이것은 두 종류의 의미를 가지고 있겠지요. 영적인 간음, 하나님을 향하여 온전한 신앙을 드리지 아니하고 돌, 나무, 새긴 돌 같은 것들을 향하여 하나님이라고 불렀던 영적인 행음을 하는 자들을 의미하는 동시에, 타락한 삶을 살았던 자들을 향하여 진노하시는 음성이기도 합니다.

거짓 맹세하는 자란 뭡니까?
하나님 외에 다른 것을 향하여 자신들이 믿고 있는 바를 사람들에게 주장하고 그것을 믿으라고 강요했던 자들을 의미합니다. 결국 쉽게 표현하면, 지금 이단자들이 이 땅에서 돌아다니는 것이라고 할 수 있습니다. 이단자들이 이 땅에 돌아다니면서 정상적인 그리스도인들에게 뭐라고 말하느냐 하면, 이것이 진짜인데 이것을 믿지 않으면 당신은 망한다고 합니다. 이렇게 거짓을 믿고 따르라고 약속을 받아내는 자들을 의미하는 것입니다.

또한 품꾼의 삯에 대하여 억울하게 한 자들은, 사람들에게 마땅히 주어야 되고 베풀어야 되고 사람들에게 나누어야 할 일들이 자신들의 의무이고 책임인 줄 알면서도 이런 것들을 바르게 행하지 아니하는 자들입니다.

과부와 고아를 향하여 압제하는 자들, 나그네를 억울하게 한 자들도 그 대상입니다. 불쌍히 여겨야 될 대상에 대하여 오히려 그들에게 횡포를 행하고 강압하는 자들에 대한 심판입니다.

여러분, 하나님의 심판은 사람이 감당할 수 없습니다.

누가 이 심판을 능히 당하며 누가 이 심판 앞에 능히 설 수 있겠느냐고 성경은 말합니다.
여러분, 주님이 이 말씀을 가지고 반드시 이 심판의 대상자들에게는 형벌을 내리신다고 말씀합니다. 무서운 결과요 돌이킬 수 없는 일들이 그들에게 임하게 된다는 것입니다. 끔찍한 일이 되겠지요. 오늘 성경은 주님이 이런 두 가지의 모습을 가지고 이 땅에 오신다고 말하고 있는 것을 잊지 말아야 합니다.

그럼 하나님께서 말라기 선지자를 통하여 이 두 가지 일들을 미리 말씀하시는 이유는 무엇이겠습니까? 바로 이들, 하나님이 오셔서 심판해야 할 자들과 상을 주어야 할 두 종류의 사람들을 주께서 구분하시기 위해서 오시는데, 하나님이 상 주어야 할 자는 누구인지, 하나님의 상이 아니라 심판받을 자들이 누구인가를 하나님이 지금 미리 알려주고 있다는 것입니다.

상 받을 자는 누구입니까? 레위 자손들은 누구입니까?

여호와의 이름을 존중히 여기고 하나님을 기쁘시게 하고 하나님께 돌려야 할 영광을 올바로 돌리는 사람들이겠지요. 그러면 심판의 대상자들은 누구입니까?

하나님의 이름을 멸시하고 주님의 이름을 더럽히고 하나님의 존재하심에 대하여 무시하고 하나님을 대적한 자들에 대해서는 하나님이 반드시 심판하시겠다는 것입니다.

그런데 문제는. 지금 주님이 오시기 전에 왜 이 일을 성경이 우리에게 미리 말씀하느냐는 것입니다. 이것이 중요한 것입니다. 그냥 이야기하지 말고 갑자기 주님이 오셔서 상 줄 자들은 상 주고, 망하게 할 자들은 망하게 하면 될 텐데… 왜 주님이 오시기 전에 이 사실을 성경을 통하여 우리에게 공개하고 있느냐는 것입니다.

그것은 주님의 사랑 때문입니다. 어떤 사랑입니까? 지금 힘들고 지치고 어려운 과정 속에서 신앙과 믿음을 지키는 자들에게는 조금만 더 견디어라, 조금만 더 일을 해라, 내가 곧 가서 상을 너에게 준다는 것을 사랑으로 격려하시기 위해서입니다.

반면, 5절에 나와 있는 심판의 대상자들에게 미리 알려 주시는 이유는 내가 이제는 간다. 내가 가면 너희에게 엄청난 심판을 행할 것이다. 그러나 아직은 시간이 남았다. 아직은 기회가 있다. 아직은 내가 갈 때까지 여유가 있다. 그러니 빨리 정신 차리고 회개하고 이 기회를 놓치지 말고 하나님 앞에 다시 돌아와서 여호와를 존중히 여기는 삶을 통하여 하나님 앞에 신앙을 회복하라는 것입니다. 그것을 바라시고 미리 공개하시는 하나님의 심정임을 믿으시기를 바랍니다.

주님의 사랑과 긍휼이 얼마나 크고 놀랍습니까?
주님의 사랑과 자비가 얼마나 놀라우시느냐 말입니다.

한 영혼이라도 더 살리시려고, 한 영혼이라도 더 구원하시려고, 한 영혼이라도 더 회개하게 하시려고 미리 말라기를 통해서 이 사실을 공개하시므로 돌아오라고 말씀하시는 것입니다.

회개할 자와 인내해야 할 자들에 대하여 분명히 구분지어 말씀하셨습니다. 지금 어렵더라도 주님의 뜻대로 살면서 참으면 복 받는다. 견디면 그가 오셔서 너희들에게 놀라운 은혜를 베풀어주실 것이다. 그러나 아직 주님 앞에 돌아오지 않은 자가 있다면 이렇게 무서운 심판이 기다리니 빨리 정신 차리고 돌아오라는 것입니다.

성도 여러분!
지금도 하나님께서 우리에게 사랑의 음성을 통하여 주님 앞에 돌아와서 회복할 수 있는 기회를 주시고 있다는 사실을 놓치지 않기를 바랍니다.

세상은 이 사실을 모릅니다. 그가 오시는 것에 대하여 관심도 없어요. 그가 오심에 대하여 기대하거나 손꼽아 기다리는 사람이 많지 않습니다! 이런 사람들이 세상에는 적습니다.

그러나 여러분! 문제는 그가 이 땅에 오셨다는 것입니다. 그가 오셨어요. 그가 2천 년 전, 저 말구유 위에 아무도 관심을 주지 않을 때, 아무도 그에 대한 기대감이 없을 때 그분은 아주 초라한 마구간에서 태어나셨습니다.

그는 30년 동안 그가 임하심에 대하여 숨기고 계셨습니다. 그리고 마침내 때가 되매 그가 임하심을 드러내셨습니다. 그리고 그가 나타났을 때 세상은 변했습니다.

그가 우리를 구원하러 이 땅에 오신 하나님의 아들 독생자라는 사실을 믿고 의지하고 그분 앞에 믿음으로 나오는 사람들에게 그는 그들의 죄를 씻어주셨고 그들의 아픔을 씻어 주셨고 그들의 질병을 씻어 주셨고 그들의 고통의 문제를 해결해 주셨다는 사실을 믿으시기를 바랍니다.

주님은 이 땅에 처음 오셨을 때 사랑을 주셨어요. 자비를 주셨어요. 치유를 주셨어요. 회복을 주셨어요. 은혜를 주셨어요. 그런데도 주님을 믿지 아니하고 배척하고 주님을 향하여 오히려 대적하는 자들에 대하여 주님이 뭐라고 말씀하셨습니까? 그들에게는 화가 있을 것이다. 너희에게는 진노가 임할 것이다. 너희들은 이제 지옥 불에 던져지고 너희들을 건져낼 자가 없을 것이다. 이처럼 무서운 심판을 그들에게 선포하셨다는 사실을 우리는 기억합니다.

성도 여러분!
말라기에서 말하는 그는 이 땅에 오신 예수님입니다.

말라기에서 말하는 그가 임하시는 날은 바로 예수님이 이 땅에 오셔서 우리에게 주신 구원의 날이요, 우리가 받아야 할 하나님의 자녀로서의 회복과 우리가 앞으로 누려야 할 천국의 삶에 대한 영광을 우리에게 확인시켜 주신 날임을 믿으시기를 바랍니다.

이 땅에 사는 많은 사람들이 그분에 대해서 오해하고 있다는 것이 문제입니다.

예수님은 오셨어요. 그런데 아직도 자기가 예수님이라고 말하는 자가 있다는 것입니다. 성경은 이미 그가 오셨고, 이 땅에서 사셨고 죽으셨고 부활 후 승천하셨다는 사실을 다 기록하여 알려주고 있는데 이 예수님을 무시하고 자기가 아직도 예수님이라고 말하는 어리석고 미련하고 마귀의 앞잡이가 된 자들이 이 땅에서 아직도 활개를 치고 있다는 것입니다.

이것보다 더 무서운 것은, 많은 사람들이 그가 예수님인 줄 알고, 하나님인 줄 알고 그에게 매여서 그를 쫓아가고 그에게 영혼을 바치고 몸을 바치고 생명을 바치고 물질을 바치고 그들의 삶의 전부를 송두리 째 빼앗기는 어리석은 자들이 많다는 것입니다. 지금도 우리 눈앞에 이런 사람들이 너무 많이 활개치고 있습니다.

얼마 전에 신천지에서 행해지는 일들을 어느 분이 동영상으로 찍어서 보냈어요. 보니까 참으로 기가 막히더군요. 모든 사람들은 이만희를 예수님이라고 부릅니다. 성령으로 오신 예수님이라고 불러요. 그리고 그 앞에서 절하고 술을 나누어 마시는 모습이 보였습니다. 너무도 한심하고 어리석은 일이 아닐 수 없습니다.

이미 성경은 그가 오셔서 우리의 모든 죄와 문제를 해결해 주셨다고 말합니다. 성경은 이렇게 말해요. 천하 사람 중에 구원을 얻을 만한 다른 이름을 이 땅에 주신 일이 없다고요. 예수님 외에는 없다고요. 이렇게 말하는데 아직도 이 사실을 믿지 못하고, 신앙을 갖지 못하고 세상 어둠의 세력과 거짓의 무리를 쫓아다니는 사람들이 너무 많습니다.

여러분, 정신을 차려야 됩니다. 그가 이 땅에 이미 오셨습니다. 그 예수님이 우리의 모든 죄악과 거짓과 지옥의 권세를 깨뜨리고 우리를 다 건져내 주셨어요. 우리는 그로 말미암아 구원을 받으며 우리는 그로 말미암아 하나님의 자녀가 되며 우리는 그로 말미암아 천국의 영생을 누리는 하나님의 자녀가 되었다는 사실을 믿으시기를 바랍니다.

여러분, 그를 통하여 우리의 모든 죄가 씻겨진 것 뿐 아니라 그를 통하여 하나님과 우리와의 관계가 회복되었습니다.

에베소서 2장에서 이렇게 말씀했습니다. 그는 화목제물이고 화평 제물이셨다고요. 그래서 하나님과 우리 사이에 막힌 담을 그분이 다 허물어 주셨다고 말이지요. 그래서 이제까지 우리가 누리지 못했던 모든 축복을 누릴 수 있게 하셨습니다.

예수 그리스도가 이 땅에 오셔서 십자가로 막힌 담을 허물어 하나님과 우리 사이를 화해시키시고 화목하게 해주셔서 이제부터는 예수님을 통하여 하나님 속에 감추어진, 하나님께서 약속하신 모든 축복을 예수님의 이름으로 이 땅에서 받고 누릴 수 있는 은혜를 우리에게 주셨다는 사실을 믿으시기를 바랍니다. 예수님이 구원이에요. 예수님이 생명이에요. 예수님이 축복이에요. 예수님이 우리의 삶에 유일한 소망이고 힘이라는 사실을 믿음으로 고백하시기를 축원합니다.

　이제 곧 주님이 또 오실 것입니다.
　그 주님이 다시 오십니다. 사도행전 1장에 그분이 많은 사람들이 보는 데서 올라가시면서 말씀하셨어요. 나는 너희가 눈으로 보는 이대로 다시 올 것이다. 예수님이 다시 오실 때는 어떤 모습으로 오신다고요? 모든 사람들이 눈으로 볼 수 있도록 오신다고 했습니다. 성경을 똑바로 보셔야 됩니다.
　예수님의 초림, 주님이 저 말구유에 오실 때는 구약의 예언대로 빛도 없이 소리도 없이 사람들이 알지 못하게 그렇게 조용히 오셨어요. 그런데 성경은 주님이 다시 오실 때는 모든 사람이 주님이 오시는 것을 보도록 오신다고 했단 말입니다.
　안상홍이 이 땅에 오는 것을 우리가 눈으로 봤어요? 이만희가 이 땅에 오는 것을 우리의 눈으로 봤냐고요. 이 땅에 있는 자들 중 자기가 예수님이라고 주장하고, 예수님이 재림했다고 말하는 수많은 이단자들의 모습을 똑똑히 봅시다. 누가 그들이 오는 것을 봤냐고요! 그리고 안상홍이 죽어서 부활하고 산 채로 올라갔습니까? 아닙니다. 절대로 아닙니다.
　이제 그분이 다시 오십니다.

그분이 다시 오실 때 어떤 일이 일어날까요?

　오늘 성경이 말한 대로 레위 자손들, 그동안 믿음 지키고 하나님 앞에 바르게 신앙생활하기 위해서 눈물 흘리고 때로는 매도 맞고 때로는 힘들고 지친 삶을 이겨내고 오직 믿음을 지키며 하나님께 충성한 자들에게는 하나님께서 상을 주실 것이요, 그를 기뻐 받으실 것이며 하나님은 그에게 모든 영광을 누리게 한다는 사실을 믿으시기 바랍니다.

우리는 주님이 오심에 대하여 두려워할 일도 없고 떨 일도 없어요. 오늘 우리에게는 주님이 오시는 날이 감사의 날이요. 기쁨의 날이요. 회복의 날이요. 축복의 날이기 때문입니다. 그런데 문제는요.

그가 다시 오시는 날, 믿음 안에 서지 못하고 오늘 말한 것처럼 점을 치거나, 간음하거나, 거짓 맹세를 하거나, 사람들을 미혹하거나, 사람들을 압제하거나, 거짓 선지자의 이름으로 수많은 영혼들을 유린했던 자들에 대해서는 견딜 수 없는 무서운 심판이 행해진다는 사실을 우리가 기억해야 합니다.

여러분, 믿음으로 경계하고 이겨내야 됩니다!

지금 이 땅에 있는 수많은 이단들이 바로 우리 옆집에 와 있어요. 컴퓨터만 켜면 나옵니다.

그들이 지금 얼마나 많은 영혼들을 추수해 가는지 모릅니다. 성도들을 추수해 데려갑니다. 마귀의 자식들로 만들려고 말입니다. 그래서 그들이 전도하러 다니는 사람들, 이단의 앞잡이를 뭐라고 부르는가 하면 "추수꾼"이라고 부릅니다. 우리는 "전도하러 갑시다"라고 하는데 그들은 "추수하러 갑시다" 이럽니다. 그래서 마귀의 갈고리를 가지고 다니면서 영혼들을 다 끌고 가는 것입니다.

여러분, 결론이 보이지 않습니까? 우리가 그들을 경계하고 쫓아가지 말아야 할 이유는 바로 그들의 끝이 보이기 때문입니다. 그들의 끝이 보이기 때문이라고요. 믿음 지키시기를 바랍니다.

예수님은 다시 오십니다.

이 땅에서 자신을 예수라고 주장하고, 자기가 하나님이라고 말하고, 예수님 외에 다른 복음을 말한다면 그들은 다 거짓이요, 거짓 선지자요, 악한 자요, 멸망 받을 자입니다. 하나님이 지옥에 던져서 영원히 썩지 않는 곳에서, 불타지 않는 곳에서 하나님의 영원한 저주와 형벌을 그들에게 내리실 것이라는 사실을 믿으시기를 바랍니다.

그들뿐이 아닙니다. 여러분, 그들을 쫓아다니는 사람들도 마찬가지입니다. 쫓아간 자도 마찬가지예요. 보통 이단들은 그 세력이 30년을 넘기지 못합니다. 10~15년 사이에 이단 세력들이 왕성하게 일어났다가 서서히 정체기에 들어가고 소멸되어 갑니다. 다 그렇습니다. 보십시오. 여러분, 여러분이 살아있는 날 동안에 저들이 무너지는 것을 다 눈으로 보게 될 것입니다. 신앙촌의 박태선이 대단했습니다. 그러나 지금은 온 데 간 데도 없습니다. 이제 조금 있으면 다 그럴 거예요.

우리는 이 마지막 때에 믿음을 지켜야 됩니다. 오늘 우리가 예수 그리스도 그분이 오시는 그날까지 신앙을 지키고 우리의 신앙을 적극적으로 하나님 앞에 보여드립시다. 내가 살아있는 신앙임을, 내가 살아있는 하나님의 사람임을, 내가 살아있는 그리스도인인 것을 당당하게 하나님과 사람 앞에 보여주는 믿음의 능력으로 살아가야 된다는 사실을 믿으시기를 바랍니다.

여러분, 이단자들은 자신들이 이단자라는 것을 밝히고 다녀요. 나는 여호와의 증인이야! 나는 신천지야! 온 천하에 밝히고 다녀요.

그런데요. 이 땅에 있는 그리스도인들은 자기가 그리스도인이라는 것을 숨깁니다. 자기가 예수님을 믿는다는 것을 숨겨요. 왜 그렇지요? 왜 우리가 이렇게 살아야 됩니까!

우리는 정상적인 그리스도인이고 하나님이 우리를 주목하시고 우리가 믿음으로 살면 이 땅에서도 복을 받고 내세에서도 상급을 받는데, 하나님이 그 행하신 대로 복을 주신다고 했는데 왜 두려워합니까? 왜 당당하지 못합니까? 왜 우리는 그리스도인이라는 사실을 숨기고, 숨어서 지내는 자와 같이 그렇게 삽니까?

여러분! 이런 신앙의 태도를 버리셔야 됩니다.

하나님은 숨는 신앙을 원치 않으십니다. 마태복음 5장에 뭐라고 말씀했습니까? 너희는 세상의 빛과 소금이다. 그런데 누가 등을 켜서 책상 밑에 숨겨두거나 말 아래 숨겨두겠느냐. 등은 켜서 높은 데 달아야 된다고 하셨어요. 왜 그럴까요? 빛을 보고 그 주변이 환해지는 것 뿐 아니라 사람들이 그 빛 앞에 몰려오게 하기 위해서 그렇다는 것입니다.

그러면서 이렇게 말씀하셨어요. 16절 "너희의 착한 행실을 보고." 너희의 믿음 있는 행실을 보고 하늘에 계신 너희 아버지께 영광을 돌릴 뿐 아니라 많은 사람들이 너희의 착한 행실, 믿음의 행실을 보고 주님 앞에 나오게 해야 하는 것이 우리 그리스도인의 마지막 사명이요, 우리의 진짜 모습이라는 사실을 성경이 말하는 것을 주목하시기를 바랍니다.

이제 우리가 적극적으로 살아야 합니다.
정말로 적극적으로 살았으면 좋겠어요. 나는 예수님을 믿습니다. 나는 하나님의 자녀입니다. 나는 그리스도인입니다. 그래서 여러분이 당당하게 이단자들, 거짓 신자들 앞에서 여러분의 믿음을 지키고 여러분의 믿음의 삶을 보여주면 악의 세력들이 물러갑니다.

여러분, 세상에서 믿지 않는 사람들도 거짓은 망하고 진실은 반드시 이긴다는 개념을 가지고 있잖아요. 하물며, 하나님의 진리가, 하나님의 거룩한 진리가 악의 무리 앞에서 퇴색되거나 막히거나 망하거나 하는 일은 절대 없다는 것입니다. 주님이 오시는 그날, 다시 그분이 오시는 그날까지 우리의 신앙과 삶을 당당히 모든 사람들 앞에 그대로 보여줄 수 있는 적극적인 그리스도인의 모습을 갖기를 주님의 이름으로 축원합니다.

우리가 그리스도인으로 당당하게 살아가려면 어떻게 해야 합니까?

여러분 속에 있는 거짓을 버려야 됩니다. 여러분 속에 있는 불의함을 버려야 됩니다. 여러분 속에 그리스도인답지 못한 모습을 자꾸 버려야 됩니다.
여러분이 그리스도인인 것을 당당히 드러내려고 하는데, 여러분이 거짓말하고 다닌다면 어떻게 드러내고 다니겠어요? 여러분이 그리스도인이라는 사실을 당당히 드러내야 하는데, 사람들 사이에서 악담이나 하고 사람들과의 관계에서 문제가 생기고 한다면 어떻게 우리가 그리스도인의 삶을 당당히 드러낼 수가 있겠습니까!

내가 그리스도인으로서 당당하게 사람들 앞에서 살려면, 여러분 속에 있는 불의함과 거짓을 매일매일 씻어내고 회개해야 합니다.

여러분이 마치 성경이 말하는 금과 은을 단련하여 불순물을 뺀 정결한 자와 같이 여러분의 삶이 매일 그리스도 앞에 정결하고 깨끗한 삶이 되어야 합니다. 그래야 여러분도 당당하고 여러분을 보는 사람들도 그리스도인의 아름다운 모습, 정결한 모습을 통하여 하나님을 보게 되는 역사가 있게 될 것이라는 사실을 믿으시기를 바랍니다.

당당해집시다.
그리스도인으로서 당당해집시다.

그리스도인으로 당당하게 살아가기 위해서는 매일 나를 쳐서 복종하고 우리 속에 있는 거짓과 싸우고 회개하고 바르게 살아가야 합니다. 그러면 하나님은 반드시 여러분의 봉헌물을 기쁘게 받으실 것이며 하나님이 여러분과의 관계를 회복시키실 것이며 하나님이 여러분을 통하여 기쁨과 영광을 누리시고 여러분에게는 무한한 아버지의 축복의 세계가 열린다는 사실을 믿으시기를 축원합니다.

마지막으로 6절을 보고 이 설교를 마무리하려고 합니다.

"나 여호와는 변하지 아니하나니"

이 약속은 하나님께서 절대로 변하지 않는다는 것입니다. 결론이지요. "그러므로 야곱의 자손들아" 믿음의 사람들아! 하나님의 자녀들아! "너희가 소멸되지 아니하느니라" 너희가 소멸되지 아니하리라. 이 땅에서 하나님의 일들은 절대로 망하지 않는다는 사실을 말해주고 있습니다.

우리도 하나님 뜻대로 살면 절대 망하지 않을 것입니다. 하나님이 절대로 망하게 내버려 두지 아니하실 것입니다. 반대로 말하면 우리가 이렇게 살면 하나님이 반드시 우리를 축복하사 우리를 흥하게 하시며 잘되게 하시며 복을 부어주신다는 사실 또한 믿으시기를 축원합니다.

주님이 다시 오실 그날까지 저와 여러분의 신앙과 삶이 하나님 앞에 복 받는 기적을 누리는 아름다운 삶이 되기를 다시 한 번 주님의 이름으로 축원합니다.